CORREDOR DE LUZ DE CRISTAL

LA AUTOPISTA DE LAS SEMILLAS ESTELARES

BETHEL BARR

Copyright © 2024 Bethel Barr

Reservados todos los derechos. Ninguna parte de esta publicación, impresa o en formato electrónico, puede ser reproducida, almacenada en un sistema de recuperación de datos o transmitida de ninguna forma ni por ningún medio, ya sea electrónico, mecánico, por fotocopia, grabación u otros, sin el permiso previo por escrito del editor.

Escanear, cargar y distribuir este libro sin permiso es un robo de la propiedad intelectual del autor. Gracias por su apoyo a los derechos del autor.

Diseño y distribución: Bublish, Inc.

ISBN: 978-1-64704-910-2 (rústica)

Contents

Dedicatoria vii
Prólogo ix

Introducción 1
Mensaje del Arcángel Miguel 45
¿Quiénes Somos? 47
¿De Dónde Somos? 49
¿Por Qué Estamos Aquí? 50
¿Qué Es Una Semilla Estelar? 55
La Encarnación 59
La Llamada del Alma 61
¿Qué Es El Espiritismo? 65
El Poder Curativo De La Madre Tierra 68
Déjà Vu, Precognición Y Las Cuatro Clairs De
   La Intuición 71
Aprender A Conectar Con Tus Ángeles y Guías ... 74
Cómo Meditar y los Beneficios de la Meditación ... 79
Los Sueños y Nuestro Tiempo De Sueño 82

Vidas Pasadas 85
Ascensión vs. Transición 87
La Flor Se Despliega 90
Las Chakras 93
Limpiar y Equilibrar los Chakras 98
El Aura 100
Amor vs. Miedo 103
Ego - ¿Qué Es? 107
Amor Incondicional 111
Amor Propio, Autoperdón,
    No Juzgarse A Sí Mismo 113
Error U Oportunidad 115
Expectativas 117
Misticismo, Sanación y Energía 119
Cristales 122
Trabajar con Energía 124
Aprender Sobre La Frecuencia Vibratoria 126
Gratitud 131
Cambios - Confianza - Entrega 133
El Pueblo En La Sombra 137
La Matriz 140
Verdad y Discernimiento 145
El Camino Al Estrellato 148
Alcanzar el Autodominio 151
El Secreto de la Vida 156
Qué Ocurre Cuando Morimos 162
Nuestras Herramientas 166

El Panorama General 172
Los Tres Estados De Ánimo 177
Intercambio Cósmico 181
El Anillo No Pasa 184
Nuestro Cuerpo Cristalino 186
Karma 192
La Kundalini 195
Densidad y Dimensiones 198
Cronología 201
Nuestro yo Multidimensional 204
Uniendo los Puntos 209
La Danza de la Vida 211
El yo Superior y la Nave 214
    Mi ángel de la guarda - Mundo real o ilusión 216
    Lord Ashtar 220
    Señor Sananda (Jesús) 223
    La Diosa Madre 225
    Creador 228

Glosario 229
Mis Credenciales 237
Agradecimientos 239

Dedicatoria

La escritura de este libro ha salido de mi corazón. Mi búsqueda de las palabras "correctas" para usar como dedicatoria volvía una y otra vez a este mensaje del Arcángel Ariel. No hay palabras mías para expresar una dedicatoria tan profunda y llena de verdad como estas palabras de la Diosa, así que te transmito sus amorosas palabras a ti, lector.

Hace muchos años, compré un libro que contenía información canalizada de este arcángel. El libro me inspiró de numerosas maneras, y la verdad que se desprendía resonaba en mí y me fascinaba. Nunca había leído un libro como este, y he sido un ávido lector de varios autores desde la infancia.

Todavía conservo y atesoro esta maravillosa obra literaria que con tanto amor se entregó a la humanidad. Me encantan especialmente las palabras de dedicatoria pronunciadas por el Arcángel Ariel.

ARCÁNGEL ARIEL-LA DIOSA MADRE

*Deseamos dedicar este trabajo a
todas esas almas
que se han atrevido a mirar,
que se han arriesgado a encontrar,
y que se han enfrentado a un miedo tremendo
en lo que han encontrado.*

*Las almas que han seguido a su corazón
y han descubierto
lo que su viaje les ha llevado a encontrar.
Y habiendo encontrado, han compartido.
Y habiendo compartido,
han continuado.*

~ Arcángel Ariel

El libro es *Interview with an Angel*, de Stevan J. Thayer y Linda Sue Nathanson, PhD. (Publicado en Estados Unidos y Canadá, en mayo de 1999, por Dell Publishing).

Prólogo

La Carretera de las Semillas Estelares es una carretera extraordinaria, una carretera de aventuras, y dentro de esa gran aventura hay muchas otras aventuras y experiencias.

Puesto que la Creación es equilibrio, a menudo hay situaciones que contrarrestan la emoción y la alegría de "ser". Esas situaciones pueden ser extremadamente desafiantes, minar nuestras fuerzas y llevar al límite nuestra determinación y dedicación.

Cada momento puede estar lleno de alegría o tristeza, consuelo o dolor, sol o nubes, facilidad o dificultad. Es lo que elijamos utilizando el don divino del libre albedrío, y cada situación que encontremos en el camino, tanto si la superamos como si nos complicamos, contribuye al crecimiento de nuestra Alma. Es un viaje extraordinario, aunque suframos de vez en cuando; a través de ese sufrimiento, aprendemos y crecemos.

Siempre he sido Una buscadora, incluso en mis años mozos, cuando no sabía lo que significaba esa palabra. Mi pasión por aprender acerca de lo más desconocido era lo que me llevaba a seguir adelante. Después de muchos años de búsqueda, me di cuenta de que ese gran deseo, el impulso de seguir adelante, era la suave insistencia de mi Ser Superior.

Este libro es una sinopsis de mi aprendizaje hasta la fecha. Nunca dejaré de aprender. Hacerlo sería dejar de evolucionar, y la evolución no tiene fin.

Mi escritura está diseñada para ayudar a otros en el camino espiritual usando mis propias experiencias de vida; es para ayudar a todas aquellas almas que están interesadas en avanzar en la evolución a través del aprendizaje sobre el Gran Desconocido, la Sabiduría Antigua y el mundo del Espíritu.

Se trata de demostrar las numerosas formas de avanzar en la conciencia mediante la utilización de las diversas herramientas con las que estamos dotados.

Se trata de ayudar a iluminar la oscuridad de la confusión, el miedo, la duda, la negatividad, la tristeza y la ansiedad llegando al Espíritu a través del espacio del corazón, utilizando el Amor como respuesta a todo.

Me gustaría transmitir al lector una cita que recibí de mi Ser Superior. Es una cita profunda que he encontrado muy útil en mi viaje de descubrimiento.

Acepta tus retos
Perdona tus tropiezos
Celebra tus victorias.

~ Bethel

Introducción

EL YO HUMANO

Las palabras siempre han sido importantes para mí, desde mis años escolares. Escribir una redacción era mucho más interesante y gratificante que intentar resolver un problema de matemáticas.

Me encanta la forma en que las palabras pueden unirse para dar sentido a algo, son mágicas y poderosas. El "poder de la pluma" no debe descartarse nunca. Las historias cortas, los blogs y los ensayos son fáciles de escribir, pero ¿un libro? Es una tarea muy diferente.

Nunca aspiré conscientemente a escribir un libro. Sin embargo, un brillante y hermoso día, me di cuenta de que escribir un libro, este libro, formaba parte de mi plan de vida. Y así, aquí estoy.

El camino hacia la iluminación me ha llevado a través de muchos años e innumerables experiencias, y esas maravillosas y ricas experiencias están contenidas en este libro para ayudar a otros Buscadores en su camino de aventura. El amor y el compromiso que siento por este planeta y por la humanidad son profundos y duraderos, por eso estoy reuniendo estas palabras ahora. Estoy al servicio de la Madre, de aquellas almas que están luchando con su propio viaje, de la humanidad y más allá.

Cuando me enteré de que escribir era una parte importante de mi misión, me quedé de piedra. ¿Qué sabía yo de escribir un libro? Me aconsejaron que "saliera del corazón". Así lo hice, así lo hago y así seguiré haciéndolo.

Nací cerca del final de la Segunda Guerra Mundial y pasé mi infancia y adolescencia en una zona remota de la provincia de Saskatchewan, Canadá. Nuestra familia no era rica en dinero, pero teníamos mucho más que cosas materiales. Teníamos seguridad y amor de padres y hermanos. Abundaban los alimentos sanos y saludables, y disfrutábamos de la sencillez de la vida en aquellos lejanos tiempos.

Durante la infancia, fuimos obsequiados con los maravillosos fenómenos de la naturaleza, en parte debido a la abundancia de belleza natural que nos rodeaba. No era raro presenciar el esplendor de la aurora boreal mientras las luces azules, verdes y carmesí danzaban por el cielo añil. A veces, papá nos llamaba para que fuéramos a observar desde un lugar seguro las nubes de tormenta que se arremolinaban en la distancia. A veces nos enseñaba una cascada o un nido de pájaros que no debíamos tocar. La naturaleza era un paraíso de aprendizaje siempre presente.

Crecimos escuchando el susurro del viento entre las ramas de los poderosos pinos que abundaban en nuestra zona. Nos acurrucábamos en la cama, nos arropábamos con las mantas y escuchábamos el espeluznante aullido del lobo de los bosques cuando llamaba a su pareja en una noche de luna.

Correr descalzos por el patio en verano, tal vez perseguir a las gallinas cuando mamá no miraba, crear nuestras propias diversiones y ser ingeniosos con los juguetes, ya que no existían los comprados en las tiendas, formaban parte de nuestra vida cotidiana. El aire libre era nuestro patio de recreo, y correr sin trabas, libres, inocentes y sintiéndonos uno con la naturaleza era nuestra vida.

Cuando llegó el otoño, disfrutamos de la abundancia del huerto, de los emocionantes momentos de la cosecha de cereales y de las generosas comidas de Acción de Gracias y las reuniones familiares.

Los inviernos eran duros en aquella zona del mundo, así que nos instalábamos en casa, disfrutábamos del calor de una estufa de leña y un calefactor, y nos entreteníamos jugando en familia a las cartas y escuchando a mi padre tocar el violín. De vez en cuando, mientras él tocaba, mi madre nos enseñaba los rudimentos de los pasos de baile de antaño.

Aprovechamos bien lo que teníamos para jugar durante el invierno: nieve y mucha nieve. Túneles de nieve, trineos, patinaje sobre hielo y más reuniones familiares.

La primavera traía nuevos brotes, nuevos retos y más trabajo. La vida era sencilla pero no muy fácil, y las exigencias eran a menudo extenuantes e implicaban mucho trabajo duro para todos, pues significaba nuestra supervivencia. Aprendimos que si queríamos comer, teníamos que trabajar, desde desherbar el gran huerto hasta caminar durante horas en busca de unas pocas bayas silvestres para que mamá las conservara en tarros para el invierno siguiente.

El aprendizaje de mi vida empezó pronto. Aprendí que cuando los tiempos son difíciles, lo mejor es trabajar juntos en familia por el bien de todos. Aunque humilde, la vida era rica en lo que de verdad importaba: amor, seguridad y buena salud.

Un día, mientras jugaba al aire libre en el bosque, vi algo que revoloteaba de un árbol a otro. Se presentaba como una sombra densa, gris oscura, de tamaño adulto, pero indistinta. Lo observé con curiosidad, preguntándome qué era lo que estaba viendo. *Le preguntaré a mamá*, pensé. *Mamá lo sabe todo.*

Bueno, mi madre era una granjera muy ocupada, demasiado ocupada para escuchar los parloteos de lo que ella suponía que era la imaginación de un niño, y me dijo que corriera y jugara. Hice lo que me dijo, pero nunca olvidé lo que vi aquel hermoso y soleado día de verano de hace tanto tiempo.

Muchos años después, aprendí que la sombra densa era mi propio ángel de la guarda, y que la experiencia del momento estaba planeada de antemano. También aprendí que el Espíritu tiene innumerables formas de llamar nuestra atención y comunicarse con nosotros.

La curiosidad siempre me ha acompañado. Durante la infancia, algunas de las preguntas que me asaltaban eran:

- ¿A qué distancia está?
- ¿Qué hay en el cielo?
- ¿Qué es el cielo? ¿Por qué es azul?
- ¿Cómo se mantiene un avión en el cielo?

Las preguntas cambiaron a medida que fui creciendo:

- ¿Qué es el infinito?
- ¿Qué tengo que hacer para entenderlo?
- ¿Dónde buscaré respuestas?
- ¿Quién me lo dirá?

El más importante para mí fue:

- ¿Quién es Dios?
- ¿Qué es Dios?
- ¿Por qué Dios es varón?
- ¿Qué es el alma?
- ¿Cómo hemos llegado hasta aquí?
- ¿Quién soy? ¿De dónde vengo?
- ¿Por qué estoy aquí?

Ingenuo de mí, pensaba que los profesores, pastores o sacerdotes debían saber las respuestas, pero por supuesto no las sabían. Mis preguntas no hacían más que irritarles.

Mi ávida curiosidad nunca disminuyó, pero avancé en la vida, me acerqué a la edad adulta, me mudé de casa de mis padres y me establecí en el sector bancario en una ciudad cercana.

Me familiaricé con el término "igualdad de género", o más bien "desigualdad de género", y con el sistema patriarcal imperante en aquella época. Todos esos acontecimientos importantes en mi vida solo trajeron más preguntas:

- ¿Por qué los hombres ganaban más dinero que las mujeres por realizar el mismo trabajo?
- ¿Dónde estaban todas las mujeres directivas?
- ¿Por qué se ofrecieron a los hombres las oportunidades más favorables?

Una vez más, la vida no tenía sentido.

A principios de la década de 1960, conocí a mi compañero de vida y me casé con el. Unos años más tarde, nos mudamos a una pequeña ciudad en el centro de Saskatchewan, y allí es donde comenzaron mis experiencias paranormales.

El déjà vu fue la primera de esas experiencias en manifestarse. Estaba haciendo una tarea doméstica normal y mundana, tal vez preparar un pudin para mis hijos pequeños, y entonces, durante un nanosegundo, ¡*sabía* que ya había vivido la misma situación!

La siguiente en aparecer fue la precognición. Por supuesto, no sabía cómo se llamaba. Sólo sabía que era muy desconcertante. *Sabía* que el teléfono sonaría antes de que lo hiciera. *Sabía* que mi buen amigo llamaría a mi puerta y entraría a tomar un café. Uno de mis hijos pequeños tenía un amigo "imaginario" con el que conversaba, incluso sostenía la puerta abierta para que el amigo entrara en casa. Eran sucesos extraños que provocaban más preguntas sin respuesta.

Siempre curioso, experimenté con una tabla ouija. Soy incapaz de recordar de dónde venía o por qué estaba en mi poder, pero me fascinaba. Podía hacer que se moviera sin tocarla físicamente, y eso me asustaba, así que me deshice de ella y nunca he querido tener otra. Todo eran más y más enigmas que resolver.

Desesperada, finalmente recurrí a la religión y, tras varios intentos de leer la Biblia de cabo a rabo, me di por vencida. De alguna manera, sabía que mis respuestas no estaban en esas páginas. Algo muy importante faltaba en mi vida, pero no sabía lo que era.

Con el tiempo, tanto mi marido como yo abandonamos el sistema bancario, abrimos un pequeño negocio y criamos a nuestros tres hijos. El mundo metafísico permaneció latente en mi vida durante un tiempo.

A mediados de los ochenta, mis padres enfermaron de enfermedades degenerativas terminales. Mi padre padecía Alzheimer y mi hermosa madre, esclerosis lateral amiotrófica (conocida comúnmente como ELA o enfermedad de Lou Gehrig). Ambos pasaron al "otro lado" en la primavera y el verano de 1990: mi madre en abril y mi padre en agosto.

Ser testigo del sufrimiento de mis dos queridos padres por estas dos horribles enfermedades me impulsó firme y plenamente en mi camino como Buscador espiritual, y nunca he mirado atrás.

Durante los años 1987 a 1990, busqué ávidamente cualquier información que pudiera encontrar sobre la vida, la muerte, Dios, el más allá, las experiencias cercanas a la muerte… cualquier cosa que pudiera aportar respuestas para aliviar el dolor de ver sufrir a dos personas a las que tanto quería. La enfermedad de mi padre hizo que no me reconociera, por lo que no pude comunicarme con él, pero mi madre estuvo mentalmente alerta hasta el final de su vida terrenal.

Hablábamos a menudo de lo que le ocurriría o podría ocurrirle a su alma tras la muerte de su cuerpo físico, y ella estaba abierta a cualquier información que yo pudiera proporcionarle. Estaba muy interesada en aprender sobre el más allá y se sentía cómoda hablando de ese tema tan delicado, por lo que charlar con ella sobre su enfermedad no fue difícil. Durante estas conversaciones, le pedí que se pusiera en contacto conmigo después de su muerte si estaba dispuesta y podía hacerlo. Accedió a mi petición.

Aproximadamente un mes después de que mi madre pasara al otro lado, un buen amigo me dijo que había una vidente en la zona y me preguntó si quería ir a verla. Por supuesto, dije un rotundo: "¡Sí!". Fue una experiencia increíble, ¡y qué regalo tan especial me hizo!

En cuanto me senté frente a ella, empecé a llorar y le conté que mi madre había muerto hacía sólo un mes. Ella sonrió y dijo: "Lo sé; está aquí con nosotros". Aquel día de hace tanto tiempo, mi madre terrestre me dio un mensaje personal que sólo ella y yo entenderíamos. Efectivamente, ¡se puso en contacto conmigo!

Mi padre terrenal hizo la transición unos cuatro meses después y, desde aquel verano de 1990, he recibido visitas y mensajes de mis dos padres terrenales. Durante una de las visitas, mi madre me dio un gran abrazo. Caminó hacia mí con los brazos abiertos y me abrazó. Vi su cara, vi su pelo largo y oscuro y su sonrisa. Sentí el abrazo, fue real. El suceso no ocurrió en el mundo físico, ocurrió en lo que se conoce como "el plano astral" o "el mundo de los espíritus".

Cuando mi padre pasó por aquí una noche, le vi entre un grupo de gente, y su rostro era muy claro. Vi su pelo blanco como la nieve, sus brillantes ojos azules y su gran sonrisa. Me cogió de la mano y empezamos a bailar. Mientras dábamos vueltas por la sala, le pregunté a mi padre: "¿Puedes decirme cómo es el lugar donde estás?". Su sonrisa se desvaneció. Dijo: "No", y se fue. Pensé que si alguna vez volvía, no le haría ninguna pregunta.

Durante mi adolescencia, íbamos a menudo a un baile en el pueblo, y cuando mi padre bailaba conmigo, ¡me sentía tan orgullosa y feliz! Me encantaba bailar con él, me parecía el padre más guapo de la sala, y me sentía como una princesa mientras bailábamos por el gran salón.

Cuando recibimos la visita de seres queridos que han hecho la transición, la mayoría de las veces se presentan de la forma que nos resulta más familiar. Poder bailar con mi padre fue un acontecimiento muy importante en mi vida, así que así es como se presentó ante mí.

Esta parte de mi escrito tiene un propósito específico, y es permitir que otros Buscadores sepan que hay vida después de la muerte del cuerpo físico y que hay momentos en que nuestros seres queridos se ponen en contacto con nosotros si estamos dispuestos a recibir sus mensajes y su presencia sin miedo y si confiamos en el Espíritu. También es para demostrar cómo fluyó mi propio viaje y que cada paso contribuyó y enriqueció mi proceso evolutivo.

EL VIAJE CONTINÚA

El viaje de cada alma es único y especial. Yo elegí preencarnar para ser lo que me gusta llamar una "floreciente tardía", lo que significa que era mayor que muchos otros Buscadores cuando abracé plenamente el camino espiritual. Mi primer contrato fue con mis hijos, y cuando ese contrato se completó, pude seguir adelante y concentrarme más en mi espiritualidad. Y lo hice con gusto.

Tan pronto como mis tres hijos fueron adultos y se independizaron, las experiencias paranormales se hicieron más frecuentes, y me di cuenta de que el viaje de una semilla estelar dedicada y consciente puede ser, y a menudo es, una época muy solitaria y confusa, y así fue para mí. Deseaba desesperadamente reunirme y hablar con otras personas como yo, con las que pudiera identificarme y que entendieran lo que me estaba ocurriendo y por qué.

La búsqueda no tenía fin. Empecé a buscar clases en la zona. Necesitaba más información sobre el Gran Desconocido y no dejé piedra sin remover durante mi búsqueda. Cuanto más ansiaba respuestas, más recibía, y eso, por supuesto, hizo surgir el deseo de saber más y más.

¿Qué había detrás de la siguiente puerta sin abrir? ¿Qué maravilloso tesoro vivía allí? ¿Qué y dónde estaba la llave que abría la puerta? ¿A quién podía preguntar?

Las respuestas siempre llegaban; mi equipo espiritual de ángeles y guías nunca me defraudaba. Mi tarea consistía en seguir buscando, y entonces la puerta se abría. Con cada paso, tentativo o audaz, llegaban más tesoros de conocimiento. Era, y sigue siendo, una delicia.

Ahora sé que nada es casualidad, que nada ocurre por accidente. El Universo no comete errores. Todo está planeado con precisión. Y así fue, y sigue siendo, mi viaje por esta vida.

Quizás al conversar con alguien surgía un nombre, un nuevo maestro del que podía aprender, y siempre aprovechaba la nueva oportunidad.

EL NUEVO MILENIO

A principios de la década de 2000, mi marido y yo empezamos a viajar, y uno de nuestros viajes nos llevó al estado de Arizona. A los dos nos encantaba la energía de la zona de Phoenix y el desierto, así que decidimos pasar allí los meses de invierno. En otoño de 2007, nos convertimos en uno de los muchos "snowbirds" que ocupan el Valle del Sol.

Ahora tenía lo mejor de ambos mundos: los inviernos en Arizona y los veranos en Alberta. Nuestra jubilación transcurrió sin sobresaltos. Disfrutamos de las maravillosas vistas, sonidos y olores del desierto de Sonora, que es subtropical y el más diverso y complejo de Norteamérica.

Los tesoros de la zona son muchos: escenarios exóticos que explorar, maravillosas rutas de senderismo, golf, hermosas montañas y valles, abundancia de sol y precipitaciones justas para que las plantas estén contentas. Hay zonas al aire libre para disfrutar, y la región tiene fama de ser muy espiritual. Puedo dar fe de ello.

Hay numerosos lugares donde asistir a clases espirituales, yoga y muchas otras modalidades que pueden atraer y atraen al buscador espiritual. Además, la gente del valle es amable y de corazón abierto. El desierto de Sonora es también el hogar del famoso cactus saguaro, al que considero el centinela del desierto.

Una de mis actividades favoritas es caminar, una práctica diaria. En estos paseos experimento paz, alegría y, a veces, incluso aventuras. Fue durante uno de mis paseos mañaneros cuando me ocurrió una experiencia única. Todas las mañanas, cuando pasaba por debajo de una farola de camino a un supermercado cercano para comprar el periódico de la mañana, la farola se apagaba y luego volvía a encenderse.

Al principio pensé que se trataba de algún tipo de fallo eléctrico, pero después de verlo mañana tras mañana, decidí que debía ser el Espíritu comunicándose conmigo. Tal vez fueran ángeles o guías, no estaba segura; sólo sabía que no era terrenal. Estaba emocionada, pero como con todo lo que experimentaba, surgieron más preguntas. ¿Quiénes eran? ¿Qué querían? ¿Por qué se ponían en contacto conmigo? No había respuesta, al menos entonces.

Pasó el tiempo y volvimos a Alberta durante los meses de verano. El fenómeno de las farolas continuó allí durante mis paseos matutinos. Al cabo de un tiempo, empecé a llevarme un lápiz y un pequeño trozo de papel, anotaba las secuencias de "parpadeos", volvía corriendo a casa y descifraba mis garabatos.

Era divertido, era una aventura, era emocionante y me encantaba. El plus fue que recibí mensajes de los ángeles a través de estos "parpadeos", como:

- Estate en paz. Los ángeles te rodean.
- Se avecinan cambios.
- Controla tus pensamientos.

Esta experiencia me empujó aún más por el camino de la iluminación, y pronto conocí el poder de la cromoterapia y la terapia del sonido. Era un viaje maravilloso, asombroso, mágico e intrigante. De vez en cuando, la vida terrenal se me presentaba, pero la mayor parte del tiempo lo pasaba aprendiendo, creciendo y experimentando con todo lo espiritual. No había nada que me detuviera.

EL YO ESTRELLADO

Mi viaje espiritual estuvo lleno de muchas experiencias placenteras, y una de ellas era una visita anual a un vidente, un canal que conectaba con las dimensiones superiores y me traía mensajes. Siempre era un momento maravilloso. Esperaba el día programado con gran expectativa y luego escuchaba con impaciencia lo que las cartas mágicas del tarot tenían reservado para mí. Es imposible relatar con palabras cómo eran esas experiencias. Eran un alimento para mi alma.

Durante una de esas visitas, le expliqué mis experiencias con la luz de la calle, y la vidente me dijo que conocía a una poderosa médium que llevaba veinticinco años canalizando a los arcángeles y a los ángeles. Una puerta más se abría para mí, y esta vez, ¡era una puerta enorme!

Esta encantadora señora me dio la información de contacto del canalizador de ángeles, hice el contacto y mi vida cambió.

Mientras viva, nunca olvidaré las primeras palabras que vinieron del Espíritu a través de ese Canal de Luz tan dotado:

"Saludos. Mi nombre es Lucinda, y soy tu ángel guardián".

Mi ángel de la guarda, a través de ese hermoso canal, me dijo que se estaba comunicando conmigo a través de las farolas que se encendían y apagaban, y me explicó la diferencia entre los ángeles de la guarda y los guías espirituales. Los guías espirituales van y vienen a lo largo de la vida, pero el ángel de la guarda nunca, nunca se va; él o ella es la única constante en la vida de un alma encarnada.

Era mucha información que asimilar, y mis sentimientos eran de una alegría y una euforia indescriptibles. Era tan humilde darme cuenta de que este gran Ser charlaría conmigo. ¡Qué ingenua era entonces! Más tarde, aprendí que todos los ángeles y guías están esperando a que su discípulo quiera comunicarse con ellos; sólo tenemos que mantener la intención y luego hacer el esfuerzo.

Ese fue un momento decisivo en mi vida espiritual, y me comprometí totalmente a aprender más. Era como si se me hubiera abierto una puerta enorme y brillantemente iluminada, y el deseo de explorar cada centímetro, cada rincón y cada grieta, estaba en el centro de mi vida.

Los libros sobre el mundo espiritual me seguían cautivando y me empapaba de cada palabra. Con el tiempo encontré a otras personas con ideas afines, y nos reuníamos en grupos para compartir nuestras experiencias, nuestras pruebas y nuestras alegrías. Ya no era "diferente". Por fin había encontrado mi sitio. Por fin "encajaba" en algún sitio.

Continué mi búsqueda de la verdad. Entonces, un día, oí el nombre de la "Diosa Ishtar". Me quedé cautivada y decidida a seguir explorando este tema. La siguiente vez que pude conversar con mi recién descubierta vidente y canalizadora de ángeles, le pregunté por qué el nombre Ishtar había captado mi interés. Esta fue la respuesta que recibí del mundo espiritual:

"Porque eres una persona Estrella".

Me quedé en silencio. Al cabo de unos instantes, pregunté en voz baja: "¿Qué es una persona Estrella?".

La respuesta del Espíritu, a través del psíquico dotado, fue: "Tú no eres de aquí. Eres de otro planeta".

Ese día supe que el último sistema estelar que había habitado era la constelación de las Pléyades, y que el planeta del que había salido más recientemente era Erra.

Todo esto tuvo lugar entre 2007 y 2009. Por aquel entonces, sabía que había extraterrestres "ahí fuera" en alguna parte, ¡pero no tenía ni idea de que yo era uno de ellos!

Desde entonces, me he dado cuenta de que todos somos seres eternos; venimos de ninguna parte y de todas partes. Sólo hacemos un alto en el camino en numerosos planetas, en diversas galaxias y universos. Tengo una conexión de corazón con muchas zonas del espacio -Arcturus, Lyra, Júpiter, Venus, Orión, etc.- porque he pasado encarnaciones y tiempo en todo el cosmos. Todos lo hemos hecho. Por lo tanto, no somos específicamente de ningún planeta, aunque a menudo nos relacionamos con la última zona habitada.

Cada vez más, empecé a identificarme con la parte estrellada de mí misma y, aunque me encantaba la sensación, me causaba cierto grado de tristeza y añoranza. Cuanto más recordaba mi vida en las estrellas, más añoranza experimentaba. Es lo que se llama "tener un pie en cada mundo". A menudo es difícil permanecer enraizado en el planeta Tierra cuando el corazón vaga por los Mundos Celestiales.

A medida que el conocimiento seguía fluyendo, se produjo una mayor expansión de la conciencia dentro de mi Ser. Llegué a la conclusión de que estoy en una misión, y esa es mi primera tarea. Con el fin de completar esa tarea a mi propia satisfacción, tengo que permanecer con los pies firmemente plantados en este planeta por ahora.

Lo siguiente en mi lista era aprender a meditar. Meditar a solas con el propósito de conectar con el Espíritu es diferente a sentarse en una meditación guiada, donde todo lo que uno necesita hacer es escuchar la guía del líder y concentrarse en esas palabras. Meditar a solas es más difícil, al menos para mí. Al principio me costaba centrar la mente y aclarar los pensamientos.

Mi ángel de la guarda me dijo que pusiera mis pensamientos errantes en una burbuja y los apartara. La meditación tiene que ver con la visualización y la intención, y me encantó aprender sobre ello. Dijo que el ego quiere mantener el control y no permitir que la mente consciente del discípulo tome el mando. Al final aprendí a no preocuparme por mis pensamientos aleatorios, a dejarlos pasar y continuar con mi búsqueda meditativa.

Me convertí en una meditadora decidida y dedicada, y a través de ese proceso, desarrollé una fuerte conexión y vínculo con mi Ser Superior y mi equipo de ángeles en las dimensiones superiores.

Mis sesiones ocasionales con la vidente, la canalizadora de los ángeles, terminaron en 2009, cuando ella hizo la transición de regreso al Hogar. La eché mucho de menos, pero el Espíritu tenía otros planes para mí.

INVIERNO DE 2011 Y 2012

El invierno de 2011 marcó el comienzo del notable año 2012, significativo en la comunidad espiritual porque era el inicio de un año mágico que culminaría con el final del infame calendario maya. El calendario maya terminó con diciembre de 2012, y el 21 de diciembre -el solsticio de invierno- fue de hecho un día poderoso cósmicamente.

En numerología, 2012 es un "cinco". El número cinco significa *cambio*, y el cambio estaba a punto de producirse en todo el mundo y para mí personalmente. Nosotros, como comunidad espiritual, esperábamos un gran despertar colectivo de la humanidad, algo parecido a la Convergencia Armónica de 1987, cuando miles de personas de todo el mundo se unieron en conciencia y meditaron para crear la paz en todo el mundo. Y funcionó. Hubo un enorme despertar a partir de esa meditación global, y ahora, una vez más, ¡tal vez algo asombroso sucedería en 2012! Sucedió, a medida que más y más almas despertaban a la verdad, y sigue sucediendo hasta el día de hoy en 2022.

Mientras estaba en Arizona ese invierno de 2011 y 2012, me topé con una encantadora librería New Age y decidí echarle un vistazo. Estas librerías siempre me han intrigado, porque están llenas de cosas maravillosas, misteriosas, mágicas y místicas: incienso, cristales, estatuas de Buda, libros y tesoros de todo tipo.

Había oído hablar de un metafísico dotado que trabajaba en la librería New Age, y el día que la visité estaba allí trabajando con un grupo de otros psíquicos. Más tarde supe que también era profesor de Sabiduría Antigua y que daba clases en ese lugar. Curiosa por conocer a este individuo, decidí ponerme en contacto con él para concertar una cita.

Durante la lectura y la sesión iniciales, me dijo que debía enseñar. Me quedé perpleja y un poco confusa. No tenía intención de enseñar a nadie. Quería aprender y que alguien me enseñara.

Sin embargo, esas palabras se me quedaron grabadas, y así empecé a avanzar siguiendo el consejo, tanteando el terreno a ciegas. No fue tan difícil, porque en cuanto hice el primer esfuerzo en esa dirección, las puertas empezaron a abrirse de nuevo, y todo fluyó. Así funciona el Espíritu. El Espíritu nos ayudará, pero sólo si damos el primer paso para ayudarnos a nosotros mismos. Ellos no pueden hacerlo todo por nosotros.

Había una pequeña habitación al fondo de mi casa que no tenía puerta, así que compré una mosquitera, hablé a algunos conocidos de mi nueva aventura y esperé... Todo salió bien. Organizaba esta pequeña reunión una vez a la semana para entre dos y siete personas. Empecé a recibir mensajes cortos del Espíritu, que escribía y luego revelaba provisionalmente la información a mi pequeño grupo. Era un poco desalentador, pero también emocionante. Estaba enganchada.

Mi búsqueda no cesaba, y cuando encontraba algo que creía que podía interesar a mi pequeño grupo, se lo transmitía en la siguiente reunión. Me llegaban meditaciones breves, y pronto llevaba al grupo a través de una meditación guiada, que nos complacía a todos. Siempre era muy gratificante para mí ver cómo alguien empezaba a abrirse al Espíritu y "veía" o "sentía" algo delicioso durante esas meditaciones.

Las puertas continuaron abriéndose a medida que seguía los pasos que tenía ante mí. Aprendí la antigua práctica del Reiki; me llegó más información sobre las cartas del tarot; aprendí a respetar el fascinante poder de la energía; y me intrigó el mundo de los cristales al descubrir la singularidad de cada gema.

Otra experiencia interesante ocurrió durante ese tiempo. Conocí los tonos bellos y espirituales de los cuencos tibetanos de cristal. La primera vez que oí a alguien tocar los cuencos, las vibraciones afectaron profunda y profundamente a mi alma. Como ocurre con tantas experiencias espirituales, me resulta difícil encontrar palabras para describir mis sentimientos. Lo bueno era que las preguntas de toda la vida encontraban respuesta y el mundo empezaba a cobrar sentido.

Aprendí el poder curativo de la masoterapia y surgieron muchas oportunidades de conocimiento. También practiqué el antiguo arte del Tai Chi. Parecía como si esto fuera lo que me había estado perdiendo y esperando toda mi vida. Todas estas experiencias maravillosas, cautivadoras y encantadoras alimentaron mi alma.

A través de mis conexiones espirituales, oí hablar de tres mujeres que organizaban un grupo que hacía lecturas de ángeles. ¡Se me presentó una oportunidad de oro más para explorar! Me encantó ese grupo. Nos sentábamos por parejas, una elegía la baraja de tarot y la otra era la lectora.

Fue mi primer intento de transmitir públicamente mensajes del Espíritu, y al principio sólo recibía una o dos palabras, suficientes para transmitir un mensaje. Pero eso se ampliaba cuanto más trabajaba en ello, ¡y pronto me di cuenta de que me encantaba traer mensajes del Espíritu! ¡Qué emoción!

Fue en una de estas reuniones de cartas angélicales cuando me vi impulsada al siguiente peldaño de mi escalera.

Cuando salía de la sala, abracé a una de las organizadoras y le di las gracias. Me dijo: "Si alguna vez quieres organizar un taller, tenemos sitio para ti". Le di las gracias y me dirigí a mi coche, pensando: *"¿De dónde demonios ha salido eso?*

Conduje de vuelta a casa con muchos pensamientos rebotando en mi cabeza. *¿Y ahora qué hago? No sé nada de organizar un taller. ¿Cómo voy a hacerlo? Ay de mí*. Bueno, no tenía por qué preocuparme, el Espíritu ya lo tenía todo planeado, y el plan se desarrolló a la perfección a medida que seguía diligentemente la guía que se me proporcionaba.

El destino quiso que tuviera que operarme de la vista un día antes de la reunión, pero nada iba a detenerme. Ojo morado y vendaje, allí estaba. Unas veinte almas acudieron a escucharme, ¡y yo estaba aterrorizada! Pero todo salió bien. En estas reuniones se juzga muy poco, por no decir nada, y esa es la energía general de un grupo de Buscadores: están tan ocupados intentando aprender y forjar su camino que no tienen tiempo ni ganas de juzgar a los demás.

Mi enseñanza estaba progresando, y durante unos meses, seguí dando clases bajo el paraguas de esas tres maravillosas señoras, mientras adquiría experiencia para el siguiente paso en mi viaje. En noviembre de 2012, me di cuenta de que estaba lista para iniciar mi propio grupo con mi propio lugar, y lo hice. Pero primero, necesitaba un nombre para mi grupo, y no tenía ni idea de cuál sería.

Todos tenemos lo que se denominan las Cuatro Clairs de la Intuición:

- Clariaudiencia - audición clara
- Clarisensibilidad - sensación clara o sensación clara
- Clarividencia - visión clara
- Clariconocimiento - conocimiento claro

Mi fuerza psíquica reside en mi "saber", y en segundo lugar está mi clara percepción o clara sensación. Simplemente "sé" cosas, y "presiento" o "siento" cosas. Confío en el saber y en el sentir, y esa confianza me ha sido muy beneficiosa en mi camino espiritual.

Un día, supe cuál sería el nombre de mi grupo: El Grupo del Corredor de Luz de Cristal de Edmonton comenzó en noviembre de 2012, y el Grupo del Corredor de Luz de Cristal de Gold Canyon/East Valley nació en noviembre de 2014.

Al principio, organizaba reuniones en Alberta durante el verano y en Arizona durante los meses de invierno; cinco meses en Arizona y siete meses en Alberta. Ha sido una enorme experiencia de aprendizaje. Todas las almas que se han sentado conmigo durante esas reuniones a lo largo de los años han enriquecido mi vida de diversas maneras que ninguna otra situación podría igualar.

Durante una reunión con mi grupo, un miembro preguntó si alguien quería unirse a él en un experimento. Sugirió que quien estuviera interesado se reuniera con él en Cuerpo de Luz en lo alto del edificio del Parlamento de nuestra ciudad a una hora concreta de la noche. Reunirse con otra alma en Cuerpo de Luz significa simplemente que mantenemos la intención y luego viajamos astralmente. Nuestros cuerpos físicos permanecen, y el alma o Cuerpo de Luz puede viajar a cualquier parte.

Siempre curiosa, decidí intentarlo y, gracias a la sugerencia de ese miembro, descubrí otra experiencia emocionante e interesante. Esa noche, al acostarme, tuve la intención de viajar astralmente al lugar especificado y, por la mañana, me di cuenta de que, efectivamente, había viajado y recordaba haber estado allí.

Recordé la penumbra y que llevaba una prenda larga y vaporosa. No podía ver el color. Era consciente de que estábamos en lo alto del edificio, muy arriba. Como todas mis nuevas aventuras espirituales, ¡fue increíble!

Mientras estuve en Arizona, busqué lugares donde pudiera asistir a clases en grupo. En el Valle abundan, y aproveché todas las que pude. Algunas de las clases ofrecían información sobre ovnis, que en aquel momento era un tema totalmente nuevo para mí. Hice lo de siempre y me empapé de información.

Como Buscadores, nuestras trayectorias vitales son diferentes y, sin embargo, similares en muchos aspectos. Todos buscamos información sobre lo desconocido. Gracias a la variedad de oportunidades que ofrece el Valle, he florecido y madurado espiritualmente.

Conocí a Semillas Estelares que tenían la capacidad de hacer visión remota, lo que significa que eran capaces de proyectar su conciencia en algún lugar fuera del cuerpo físico y "ver" lo que estaba sucediendo en otra área del mundo. Más tarde me enteré de que este método se utilizó durante las grandes guerras mundiales, la Primera y la Segunda Guerra Mundial, para espiar y conocer los planes del enemigo y fue utilizado por ambos bandos de las facciones beligerantes.

Tuve el privilegio de conocer a una profesora de gran talento que me llevó por el apasionante y fascinante mundo del chamanismo, la astrología y la numerología. Absorbí cada momento de todas estas maravillosas experiencias y aprendí mucho. Encontré un maestro que me ayudó a mejorar mi canalización de las dimensiones superiores. No es nada que uno pueda "aprender", me di cuenta; se trata más bien de ganar la confianza necesaria para confiar en uno mismo. Puede ser un camino largo o corto alcanzar ese nivel de confianza en uno mismo.

El Valle del Sol, en Arizona, está plagado de avistamientos de ovnis. Durante la primavera de 1997, se produjo en el Valle un fenómeno "de otro mundo", presenciado por cientos de personas y mostrado en las noticias de la televisión local.

Según Wikipedia, las Luces de Phoenix fueron una serie de objetos voladores no identificados (OVNIS) ampliamente avistados en los cielos de Arizona, Nevada y el estado mexicano de Sonora el 13 de marzo de 1997.

No fui testigo de esos ovnis, pero durante mis muchos años en el Valle, he visto unos cuantos.

MÁS PUERTAS POR ABRIR

El otoño de 2015 me encontró en otra nueva aventura. Decidí empezar a escribir entradas de blog. Tenía información, buena información, y la estaba transmitiendo a otros miembros de mi grupo, así que el siguiente paso era ponerla por escrito.

Encontré a alguien que me construyera una página web, también llamada Crystal Corridor of Light (www.crystalcorridorlight.com), y empecé a escribir blogs. Publiqué mi primer blog el 28 de noviembre de 2015.

Cuando una Semilla Estelar es consciente de quién es y de dónde viene, de la guía que le da el Espíritu, los acontecimientos, la emoción y las experiencias parecen no tener fin. Hubo momentos en los que me sentí como si estuviera en una montaña rusa y tuviera que sujetarme o perder el control. Llegaban muchas cosas a mi vida en forma de información que más tarde se convertiría en conocimiento. La absorbía y pedía más. Y llegó.

Mi búsqueda me llevó a una Trabajadora de la Luz, una mujer increíble y dotada llamada Judy Satori, y a través de ella descubrí el Lenguaje de las Estrellas, el Lenguaje de la Luz. Conocí su página web hace muchos años, me fascinaron sus dones únicos y decidí encargar un CD titulado *The Song of Lyra*. La música es de una belleza inquietante, y entremezclada con la música está el Lenguaje de la Luz hablado por Judy Satori. La música y el Lenguaje de Luz que escuché aquel día despertaron algo primigenio y antiguo dentro de mí.

Sentí una estrecha conexión con Lyra, una familiaridad que no comprendía del todo. Afloró una emoción que tocó lo más profundo de mi alma. Tras escuchar la letra y la música de aquel CD, estaba decidida a aprender el Lenguaje de las Estrellas, así que encargué a Judy Satori los CD que activarían esa parte de mi Ser.

Nunca olvidaré el día en que puse esos CD por primera vez. La voz del gran ser Thoth hablaba a través de Judy, y yo me senté absorto en mi pequeño despacho con la puerta cerrada y absorbí la energía y los sonidos de las extrañas palabras y tonos que emanaban de los CD.

Después de escuchar un rato, sentí que las palabras salían de lo más profundo de mí, pero se me quedaron en la garganta. No sabía qué hacer con ellas; era algo que nunca había experimentado. Finalmente, empecé a susurrar los sonidos extraños. Parecía como si otra persona estuviera haciendo brotar aquellas extrañas palabras que seguían brotando y saliendo de mi boca.

Todos tenemos el hermoso lenguaje cósmico de las estrellas precodificado en cada célula de nuestro cuerpo, en nuestro ADN. Simplemente lo hemos olvidado. Aquel día, la energía, los tonos y las palabras de Thoth pronunciadas a través de Judy Satori activaron el lenguaje que llevaba dentro. Ya no podía contenerlo. Seguía saliendo de mi ser y necesitaba verbalizarlo. Me sentía tan llena de todas las palabras que necesitaban derramarse. Y así fue.

Hay veces en las que el lenguaje terrenal no puede expresar adecuada o plenamente emociones que pueden expresarse maravillosamente a través del Lenguaje de la

Luz. Encuentro que cuando me emociono, el primer lenguaje que quiere salir de mí es el Lenguaje de las Estrellas, así que a veces simplemente me dejo llevar y lo permito, y siempre se siente tan bien.

Ni siquiera son las palabras las que causan tal impacto; es la energía, las vibraciones de los sonidos. El Lenguaje de la Luz es un lenguaje galáctico de amor y luz, un regalo del Espíritu, que enciende o ayuda a activar nuestras hebras latentes de ADN. Por lo general, no puede traducirse literalmente, sino que se compone de símbolos: geometría sagrada llena de luz.

Mi lado Estelar se expandía cada vez más. Practicaba la meditación a diario, y a través de esas incontables horas de meditación, me familiaricé cada vez más con mi verdadero hogar y mi vida Estelar. Comencé a recordar vidas pasadas, y a través del recuerdo, me comprendí a mí mismo, mi vida presente y diversas situaciones.

Por fin, todo lo que siempre me había desconcertado y causado confusión empezaba a tener sentido. Había encontrado definitivamente lo que faltaba en mi vida, y eso era el conocimiento y la riqueza adquiridos en numerosas encarnaciones en este planeta y en otros, así como en otras galaxias y universos.

Un día, mientras navegaba por Internet, encontré un sitio web que me reveló otra parte de mis diversas e innumerables encarnaciones. Era un breve clip de audio titulado "El Canto de las Sacerdotisas Lemurianas".

Una vez más, me sentí atraída por una nueva experiencia. Mientras escuchaba los cánticos, bajé la cabeza cerca del ordenador y absorbí las palabras. De repente, me encontré cantando con ellos. Conocía el canto. Conocía la letra. Recordaba la entonación.

Mientras cantaba, me vi a mí misma en una visión en la que estaba con un grupo de sacerdotisas en círculo, abrazadas, dando vueltas lentamente al ritmo del canto. Todas estábamos vestidas con hermosos vestidos largos de color rojo brillante. El mío era de escote en pico, elegantemente drapeado hasta el suelo, y yo llevaba un cinturón ancho y dorado que se sujetaba justo debajo de la línea del pecho. Tenía el pelo largo, liso y negro.

Para quienes no hayan oído hablar de Lemuria, he aquí una breve descripción:

Tanto la Atlántida como Lemuria eran enormes continentes que existieron en la Tierra hace aproximadamente 26.000 años. La Atlántida estaba en el océano Atlántico y Lemuria en el Pacífico. Hay mucha historia alrededor de estos dos continentes. La jerarquía de cada uno era de opiniones diferentes, y finalmente llegaron a la guerra entre sí.

Atlantis era conocida como una sociedad patriarcal y controlada por fuerzas oscuras que no deseaban un planeta pacífico. Querían controlar a la humanidad a su antojo, lo que era considerado una interferencia por la comunidad galáctica y no estaba permitido. Esto no disuadió a las fuerzas oscuras. La guerra era su juego.

Lemuria era una sociedad matriarcal que deseaba permitir que la humanidad evolucionara a su propio ritmo. Eran un grupo más amable y gentil, y muchos eran encarnados del sistema estelar de las Pléyades. El resultado fue la guerra y la destrucción total de ambas masas continentales. Primero Lemuria se hundió bajo las olas, y luego Atlantis se autodestruyó debido a la decadencia que allí existía.

No conozco ningún vestigio de la Atlántida, pero hay algunas partes de Lemuria que siguen sobre las olas: las islas Hawai, Fiyi y Nueva Zelanda. Podría haber más islas pequeñas que desconozco.

Tengo otros recuerdos de encarnaciones en Lemuria -tiempos felices hace mucho, mucho tiempo-, pero sólo tengo un recuerdo de mi existencia en Atlantis. Debe de haber una buena razón para ello, aunque no sé cuál es.

EL TIEMPO Y LOS ACONTECIMIENTOS AVANZAN

La hora de dormir puede ser, y muy a menudo es, una parte interesante de la vida, al menos para el aspirante a discípulo. Una mañana temprano, me desperté y oí voces de personas que reían y hablaban. Desconcertado, salí de la cama para investigar.

La casa estaba a oscuras y ahora en silencio. Pensé que mi marido se había dormido y se había olvidado de apagar la televisión. No era así; el televisor estaba apagado. Recorrí algunas habitaciones y luego volví a la cama de mala gana, con mis muchas preguntas sin respuesta. Pensé que tal vez mi equipo de guías y ángeles estaba celebrando una fiesta y se habían olvidado de invitarme.

Más tarde, me di cuenta de lo que había ocurrido. Durante nuestro tiempo de sueño, solemos estar muy ocupados, ya que todos viajamos astralmente. Yo había estado en algún lugar de los éteres, viajando en mi Cuerpo de Luz, probablemente visitando a mi familia estelar, y mi mente consciente se despertó unos segundos antes de que mi Cuerpo de Luz regresara. Entonces, mi mente consciente estaba al tanto de lo que mi Cuerpo de Luz estaba experimentando.

En mis muchos años recorriendo el camino hacia la iluminación, he tenido numerosas experiencias interesantes, pero algunas son más destacadas que otras. Uno de esos incidentes está grabado en mi mente y sale a la superficie de vez en cuando.

Hace unos años, estaba disfrutando de un agradable almuerzo con algunos miembros de mi familia en un pequeño restaurante que servía comida sana y de buen sabor. Había traído una botella de agua, como suelo hacer, y la había colocado sobre la mesa. Cuando terminó mi visita, recogí la botella de agua, la metí en mi espacioso bolso, salí del local y caminé una corta distancia por el aparcamiento hasta mi coche.

Al llegar al coche, busqué las llaves en el bolso y me di cuenta de que no estaba la botella de agua. Cuando miré dentro del coche, vi mi botella de agua en el soporte de la consola.

La confusión se apoderó de mí y al principio no tenía ni idea de lo que había pasado. ¿Cómo era posible? Mi coche estaba cerrado, acababa de meter mi botella de agua en el bolso unos minutos antes, y ahora aquí estaba, ¡sentada dentro del coche cerrado! El Espíritu actúa de forma misteriosa.

Un poco más tarde, me di cuenta de lo que había ocurrido. Mi equipo me había llevado a bordo de la nave y querían que lo supiera, así que me trajeron de vuelta unos segundos antes en el tiempo para que pudiera ver la botella de agua en el coche cerrado y darme cuenta de que me había ido… sin ni siquiera saberlo.

En las dimensiones superiores, no existe el "tiempo". Los seres que residen en esas dimensiones superiores tienen conocimientos y utilizan tecnología que la gente de este planeta encontraría desconcertante. Es todo muy emocionante. Ojalá hubiera podido recordar aquel brevísimo lapso de tiempo en el que estuve con mi equipo, pero no pudo ser.

Cuando estamos aquí, encarnados dentro de este cuerpo físico, necesitamos permanecer "con los pies en la tierra", y si recordamos demasiado el estar en el otro lado durante esas maravillosas visitas, la mayoría de nosotros seríamos incapaces de funcionar muy bien, si acaso, mientras estemos aquí.

Ahora sé que nada de lo que sucede es un accidente; ese tipo de experiencias nos son dadas por una razón, y tal vez mi razón era cimentar más profundamente en mi ser el conocimiento de mi vida estrellada. Y funcionó.

He tenido innumerables experiencias a lo largo de este camino que he elegido y, a medida que avanzaba, aprendí una valiosa lección.

Durante los primeros años de mi increíble viaje, ¡mi alegría y emoción en cada situación eran insuperables! Quería contarle al mundo todas aquellas maravillosas experiencias, pero no siempre era prudente.

Hay quienes no están en el mismo camino y simplemente no entienden, por lo que es inútil decirles nada. O bien no le creerán y probablemente piensen que es usted un "woo-woo", o simplemente no les interesa y prefieren hablar del tiempo.

Cada vez que hablaba de mí misma y dejaba escapar algún jugoso bocado relacionado con mi viaje, solía encontrarme con el ridículo, el desdén o el hastío. Con el tiempo, aprendí a guardármelo para mí, a menos que hablara con otra persona que pensara como yo. Suele ser beneficioso elegir a nuestro público.

Aunque para mí fue una lección difícil de aprender, me di cuenta de que cada experiencia y cada situación añaden riqueza y plenitud al viaje.

AUTOCURACIÓN

Cuando formulamos nuestros planes de vida, podemos ser muy inventivos. A menudo me sorprende cómo transcurre el proceso de aprendizaje y cuáles son finalmente los resultados. La actividad siempre ha sido una parte importante de mi vida, y algunos de mis muchos pasatiempos a lo largo de los años han incluido jugar al golf, hacer senderismo, ejercicios de cardio con pasos de baile y un grupo de baile, correr, caminar, hacer ejercicio en un gimnasio, esquiar y hacer yoga. Toda esa actividad puede desgastar el cuerpo a pesar de mantenerlo relativamente en forma y sano.

Esas muchas actividades ya no están en mi agenda; sin embargo, sigo caminando cada día por muchas razones. Nuestro cuerpo es muy inteligente. El cuerpo le dirá a la mente lo que tiene que hacer con respecto a la comida, el sueño y el ejercicio. Hubo un momento en que mi cuerpo me decía que bajara el ritmo. Me dolían tanto las piernas y las caderas que no podía conciliar el sueño.

Mi espiritualidad me dijo que pidiera ayuda a mi equipo de guías y ángeles, ya que no deseaba recurrir a los fármacos. Mi equipo me ayudó rápidamente. Cuando me iba a la cama, mi dolor empeoraba; pedí ayuda y, en unos treinta segundos, ya no tenía dolor y podía conciliar el sueño.

Este ritual continuó durante los meses de invierno en Arizona y durante un breve periodo tras regresar a Alberta. Entonces cesó toda la asistencia y volvió el dolor. Desconcertada, me puse a meditar y pregunté: "¿Por qué?".

Me sorprendió la respuesta.

"Te dimos las herramientas. Usalas".

Mientras escribo esto, tengo que sonreír. Pero en aquel momento, mis frágiles sentimientos se vieron heridos y mi ego entró en plena indignación. Cuando los humanos (o quizá cualquier especie) sufren un revés del ego, generalmente la primera emoción que aflora es el miedo. El miedo conduce a la ira, la culpa y un montón de otras emociones negativas.

Sentí rabia. Ahora me cuesta creerlo, pero en aquel momento, la ira estaba en primer plano.

¿Cómo pueden hacerme esto?
Confío en ellos. ¿Por qué no me ayudan?
Deben estar castigándome por algo, ¿qué será?
¿Qué he hecho mal?

Surgieron pensamientos pesados e intensos de negatividad, y mis emociones se sumergieron en la proverbial madriguera del conejo.

Sí, sentí miedo: miedo a no saber qué hacer, miedo al dolor, miedo a no dormir, miedo a quizá tener que tomar pastillas llenas de sustancias químicas tóxicas.

Y entonces surgió la ira, porque quería que otra persona arreglara mis problemas y se negaron.

Ninguna de mis emociones era buena. Y lo peor de todo, ¡mi maravilloso grupo angelical me había dicho que no! ¡Qué golpe para mi delicado ego!

Después de la ira vino la contrición, una profunda pena y culpa, más emociones negativas. Era un desastre emocional. La culpa y la vergüenza que sentía eran peores que el dolor. Luego llegaron los verdaderos remordimientos y me culpé a mí misma.

¿Cómo puedo enfadarme con un ángel?
¿Me seguirán queriendo y querrán trabajar conmigo?

Me sentí perdida y abandonada, y eso es lo que ocurre cuando perdemos nuestra conexión con el Espíritu. Nos sentimos perdidos y solos aunque no lo estemos.

Al cabo de un tiempo, me di cuenta de mi error y me puse a hacer lo posible por resolver el problema. Como no me quedaba más remedio, fui al médico, que me hizo unas radiografías y me mostró el resultado. Tenía inflamación en las dos caderas y en la parte baja de la espalda. Me dijeron que tenía artritis y que necesitaría medicación para controlar el dolor y la inflamación.

Las historias de terror suelen proliferar en los círculos de los que envejecen, y yo había oído las mías. "Bueno, fulanita tenía artritis y tomó esta pastilla en concreto. Tenía el corazón mal y la medicación era demasiado fuerte para ella, así que murió".

Estaba decidida a no tomar pastillas.

A continuación, "por casualidad" me topé con un libro escrito por un alma maravillosa llamada Louise Hay. El título del libro era *Usted puede sanar su vida*. Ese libro cambió mi vida en varios aspectos positivos. Después de leer el libro de principio a fin, decidí que si Louise Hay podía sanar su cuerpo, ¡yo también podía sanar el mío!

Una vez más, me adentré en territorio desconocido y lo hice con los pies bien plantados en el suelo, con amor, determinación y esperanza en el corazón. Lo maravilloso y asombroso de todo esto es que tuve ayuda y que esa ayuda llegó, pero solo después de que yo tomara la decisión de ayudarme a mí misma. En aquel momento, no era consciente de esta verdad; creía sinceramente que estaba sola en el proceso, pero estaba decidida a curarme. Y lo hice.

Después de pensarlo mucho, desarrollé un plan que me llevaría a través de este proceso de curación. Mi primera tarea fue buscar en Internet cómo era una articulación de cadera; necesitaba saberlo para poder visualizarla. Una vez hecho esto, me puse a meditar y dejé que mi imaginación tomara las riendas.

A través del mágico mundo de la imaginación, me imaginé a mí misma diminuta, de unos dos centímetros de altura. En mi mano llevaba un pequeño cubo y un cepillo. Coloqué mi pequeño Yo en la parte superior de la cabeza, abrí el chakra de la coronilla y procedí a descender hasta la parte baja de la espalda, utilizando la columna vertebral como escalera.

Una vez en la zona de la inflamación, empecé a usar mi cepillo para quitar la inflamación y, mientras lo hacía, lo metía todo en mi cubo. Como ves, mi Yo, mi cubo y mi cepillo eran mágicos.

Tenía la libertad de imaginarme a mí misma del tamaño que quisiera, así que me hice diminuta. El cepillo podía hacer lo que yo quisiera, y mi cubo podía contener tanto como yo pusiera en él. El cepillado empezaba en la articulación derecha de la cadera, pasaba a la parte baja de la espalda y terminaba en la articulación izquierda de la cadera.

Cuando sentí que había fregado lo suficiente para una sesión, recogí el cubo y el cepillo y volví a subir con cuidado por la columna hasta la coronilla. Allí me esperaban mi equipo angelical y mis guías, así que les entregué obedientemente el cubo lleno de mi inflamación y les pedí que lo transmutaran todo en hermosa Luz blanca. Cumplieron y el procedimiento terminó por ese día.

El proceso era una meditación que duraba unos veinte minutos, y trabajé diligentemente para reducir el dolor y la inflamación todos los días durante dos años. Un día me di cuenta de que el dolor había desaparecido. No recuerdo exactamente cómo decidí que había terminado; todo parecía perfecto.

Mi imaginación y mi intención habían sido herramientas muy poderosas. Siempre lo son, para cada uno de nosotros. El problema es que, muy a menudo, olvidamos esa verdad.

Estaba muy orgullosa de mí misma y conté mi historia a los miembros del grupo en nuestras reuniones, sintiéndome muy orgullosa y satisfecha de mí misma. Allí estaba, sin dolor, sin medicamentos, ¡y lo había conseguido yo sola!

Poco sabía entonces que no lo había hecho todo yo sola. Tuve mucha ayuda del Espíritu.

Al final, el Espíritu me dijo esa verdad, y entonces tuve que volver a contar mi historia a mi grupo y confesar que, efectivamente, tenía ayuda, pero que no fui consciente de ello hasta más tarde. Ese dolor y la inflamación nunca han vuelto, y todavía estoy libre de medicamentos para cualquier problema de salud.

El Espíritu nos ayudará si no interfiere con nuestro plan de vida, pero sólo si nosotros tomamos la iniciativa dando el primer paso para ayudarnos a nosotros mismos y luego seguimos adelante. Es importante que demostremos nuestra determinación de ayudarnos a nosotros mismos y que confiemos en que tenemos el poder para hacerlo, es decir, que confiemos en nuestro poder superior.

Hacer el esfuerzo y actuar con la debida diligencia no significa que vayamos a estar libres de dolor o curados de la noche a la mañana. Puede llevar semanas, meses o años, como en mi caso. Se trata de confianza y de nuestra voluntad de asumir la responsabilidad de nuestro propio bienestar.

Así trabaja el Espíritu en las dimensiones superiores. No hará ni puede hacer nuestro trabajo por nosotros. Si lo hiciera, ¿qué aprenderíamos? Nos volveríamos totalmente dependientes del Espíritu y nunca llegaríamos a ser autosuficientes y a adquirir crecimiento anímico.

ESTE ESCRITO, ESTE LIBRO

Hasta la fecha, ha habido una experiencia más significativa en este sagrado viaje mío, y es escribir este libro.

A través de incontables horas de meditación y haciendo el trabajo interior necesario para elevar mi nivel de conciencia, mi autoconfianza ha aumentado. Ese trabajo interior permitió que la conexión energética con el Espíritu se expandiera, dando así un impulso a mi capacidad de canalización. Muchas palabras de sabiduría han llegado a mi mente consciente desde el Espíritu, y mi clarividencia y clariconocimiento han florecido más plenamente.

Dicho esto, sigo disfrutando de las palabras de otros videntes con talento traídas de las dimensiones superiores y continúo utilizando este don que me concedo de vez en cuando.

Durante una de estas sesiones, por segunda vez en mi vida, me dieron lo que consideré una bomba proverbial. La primera vez fue cuando me informaron de que era una persona Estrella.

De la nada, del astral, del cosmos, de las dimensiones superiores llegaron estas palabras:

"Te vemos escribiendo un libro".

Sólo esas palabras, nada más.

Me quedé completamente sorprendida y sin habla. Al cabo de unos instantes, con voz aguda y sobresaltada, solté: "¿Yo?".

Más silencio fue la respuesta.

Luego continué: "No sé nada de escribir un libro".

Su respuesta fue: "¿Aceptas esta tarea?".

Sintiéndome aún algo desconcertada y abrumada, dije: "Sí".

Cuando volvía a casa después de aquella increíble sesión, me encontraba al volante como una persona emocionalmente caótica. Oh, conducía bien, pero mi mente iba a toda velocidad y pensamientos confusos bombardeaban mi cabeza como pequeñas balas afiladas rebotando. Por supuesto, llegué a casa sana y salva y le conté la situación a mi marido.

"Supongo que debo escribir un libro", dije.

"Oh, bueno, entonces será mejor que empieces", dijo, y eso fue todo.

Mi confusión al oír el mensaje del Espíritu se debió al Velo del Olvido. Tras el shock inicial de enterarme de que estaba escribiendo un libro, me di cuenta de que el mensaje era un amable recordatorio. Escribir este libro es un segmento importante de mi plan de vida que había elegido antes de tomar forma humana, y lo había olvidado. Para alguien como yo, que nunca había pensado en escribir un libro, fue todo un shock, pero me recuperé y seguí adelante con el trabajo que había elegido.

Durante los meses siguientes, luché mucho, tanto mental como emocionalmente. No tenía ni idea de lo que tenía que escribir ni de cómo hacerlo. Mis primeros y débiles intentos fueron inútiles y no conseguí nada. Tras unos meses de sufrimiento y confusión, decidí ser más pragmática.

Con mucha contemplación, me di cuenta de que mi mayor fortaleza espiritual reside en mi conocimiento de la Sabiduría Antigua. Tengo un sólido dominio de ese tema. Una perspectiva amplia. Así que ése fue el paso número uno.

Después, las siguientes preguntas fueron: ¿Qué hago con esos conocimientos? ¿En qué soy bueno? ¿Qué talento tengo que pueda dar a los demás? Mi respuesta fue: Soy un maestro. Un maestro de la Sabiduría Antigua. Es lo que he estado haciendo durante los últimos diez años.

"Vale, ahí lo tienes", me dije. "Haz algo con él". Paso número dos.

Y así nació este libro.

Mi viaje ha seguido progresando, evolucionando, al igual que yo: organizando más clases, escribiendo más blogs, conociendo a más almas maravillosas y afines que me obsequiaban con su presencia en mis reuniones, enriqueciendo así aún más mi vida. Y ahora existe este libro, mis experiencias vitales recopiladas en estas páginas.

Amo mi trabajo. Amo mi misión. Amo mi vida.

Mensaje del Arcángel Miguel

En lo más profundo de tu subconsciente
yace la verdad de quién eres y de dónde vienes.
La envoltura del Velo se diluye,
provocando débiles despertares,
y comienza una inquietud que el Alma no puede negar.

Ecos de antiguas civilizaciones danzan por tu conciencia
y recuerdos lejanos de vidas pasadas
en la superficie de muchos planetas, galaxias y universos.

Estos recuerdos de experiencias ricas y variadas
abrir una puerta a lo desconocido
y ponerte en el Camino de la Iluminación.

~ Canalizado por Bethel

¿Quiénes somos?
¿De dónde somos?
¿Por qué estamos aquí?

Las preguntas son una forma excelente de aprender. Sentir curiosidad por la vida, por cualquier cosa y por todo, es bueno porque significa que buscaremos las respuestas, y cuando descubrimos las respuestas, adquirimos más conocimientos. El conocimiento nos permite comprender el mundo que nos rodea, y cuando comprendemos, estamos mejor preparados para aceptar a los demás, nuestro entorno y nuestras circunstancias.

Quien tiene preguntas busca respuestas; por lo tanto, es un Buscador. Un Buscador de la verdad. Su tarea, entonces, es discernir qué es verdad y qué no lo es. Esa capacidad reside en el corazón, pues es ahí donde residen todas las respuestas, la verdad y el poder.

¿Quiénes Somos?

Fuente de energía. Primer Creador. El Uno de todo lo que es.

El gran Ser es conocido por muchos nombres. El Ser es energía. Es una Gran Conciencia, la fuerza más poderosa de la Creación. *Es* la Creación y no toma forma física.

Para experimentarse a Sí misma, la Fuente irradió fragmentos, o chispas de Sí misma, y esas chispas son almas, todos hijos del Creador -todos creados por igual- y son Seres eternos de Luz. Nosotros somos esas chispas de Luz. Somos una conciencia. Todos somos uno con la Fuente.

La Fuente está compuesta a partes iguales de energía femenina y masculina. La parte Madre (femenina) contiene la materia, la "mater", y es la dadora del nacimiento. La parte del Padre (masculina) es la ignición, el interruptor, la Luz que encendió la "mater" e inició la conciencia. La Madre es la planificadora, y el Padre es el que lleva a cabo el plan.

También nosotros, como almas, tenemos partes iguales de energía femenina y masculina, los mismos componentes que la Fuente. Cuando nacimos de la "mater", se nos concedió el don del libre albedrío para seguir adelante y experimentar la vida en todas sus formas y realidades, sin que nadie nos juzgara, ni siquiera la Fuente. La Fuente no juzga. La Fuente crea.

¿De Dónde Somos?

Somos de todas partes y de ninguna. Somos eternos. Somos de las estrellas, del cosmos, del omniverso. Hemos vivido en innumerables planetas y en muchas galaxias y universos. Quizá nuestra elección más reciente del sistema estelar en el que habitar fueron las Pléyades, Arcturus, Orión, Lyra, Sirio, Andrómeda, o uno de los innumerables otros.

¿Por Qué Estamos Aquí?

La razón principal por la que muchas almas eligen estar aquí en este momento de la historia de la Tierra es para ascender mientras ocupan el cuerpo físico. No todos los que están aquí en este momento han elegido ascender. No es un requisito, es una elección. La ascensión no es un lugar al que ir; es un nivel de conciencia. Elegimos alcanzar un nivel de conciencia de quinta dimensión mientras estamos en lo físico, como colectivo.

Es un gran esfuerzo que nunca antes se ha intentado en nuestra galaxia y es un paso monumental en la evolución de toda la humanidad. Cuando digo "como colectivo", no me refiero a todas las almas que habitan el planeta, sino al número suficiente de personas que despiertan y recuerdan la verdad para alcanzar un "punto de inflexión" que permita la ascensión masiva.

Entender por qué elegimos ascender de esta manera requiere algo de información de fondo. El planeta Tierra fue engendrado por la Madre Divina para ser un Jardín del Edén, un planeta exuberante rico en recursos y un lugar de gran belleza.

Fue diseñada para ser un patio de recreo para los ángeles, donde pudieran asumir la fisicalidad y experimentar todos los dones que la Tierra tenía que ofrecer. Comenzó como un planeta de quinta dimensión, y la conciencia de la Tierra era, y sigue siendo, el Arcángel Ariel (Gaia), la Diosa Madre de nuestro universo.

Debido al libre albedrío, la humanidad tomó decisiones que eran más de "servicio a uno mismo" que de "servicio a los demás", como la codicia, las guerras, el deseo de poder, la falta de amor y compasión. Toda la energía negativa de esas acciones y emociones hizo que la Tierra descendiera lentamente en densidad del quinto nivel al tercero.

Esto significa que la frecuencia vibratoria (la tasa de velocidad) de los cuerpos físicos de la humanidad se ralentizó debido al abuso y la opresión de una fuerza malévola, extraterrestre que estaba presente en y alrededor de nuestro planeta.

Cuando la frecuencia vibratoria de los cuerpos de la humanidad se ralentizó, la mayoría cayó en dimensión (nivel de conciencia), pero hubo algunos que fueron capaces de mantener su chispa de Dios brillando lo suficiente como para recordar la verdad de quiénes somos realmente y de dónde venimos. Esos pocos fueron capaces de mantener su nivel de conciencia en la cuarta o quinta dimensión.

La opresión y el abuso nos han mantenido a todos cautivos a través de nuestros propios pensamientos, palabras y actos. La densidad que creamos hizo que muchos perdieran de vista la Luz interior, lo que significa que olvidamos nuestra conexión con el Creador. Cuando eso ocurrió, Gaia eligió descender a la tercera densidad con la humanidad y desde ahí, como colectivo, ascender de nuevo a la quinta dimensión (nivel de consciencia) en una ascensión masiva. Eso es lo que está ocurriendo actualmente en nuestro planeta.

Las almas que están aquí ahora se ofrecieron voluntarias para tener la oportunidad de formar parte de esta gran ascensión debido a la situación existente en nuestro mundo, una situación tan grave que el planeta está cerca de la destrucción causada por eones de negatividad y abuso. El Arcángel Gaia dijo: "Basta. Debe producirse un cambio para la supervivencia de la Tierra y de la humanidad". Y así es.

El cambio se está produciendo y todos tenemos asientos de primera fila. Nos hemos ofrecido voluntarios, pero también hemos sido *elegidos*. Fuimos elegidos porque somos almas experimentadas y curtidas. Hemos soportado incontables vidas aquí y nunca nos rendimos; seguimos volviendo para ayudar en la liberación, y esa liberación se está produciendo mientras escribo esto.

Había otras razones para venir aquí, una de las cuales es que tenemos la oportunidad de dar un enorme salto adelante en la evolución por el mero hecho de estar aquí y trabajar por nuestra libertad.

Podemos hacerlo:

- Lecciones de aprendizaje: La Tierra es un planeta donde hay grandes oportunidades para aprender y crecer espiritualmente, porque la vida aquí puede ser muy difícil. Ante los desafíos, el objetivo es utilizar nuestro libre albedrío para actuar o reaccionar de forma positiva. Elegir el amor, la compasión, la aceptación y la comprensión nos permitirá avanzar en la evolución. Cuando procedemos de las vibraciones inferiores, como la ira, el miedo o el juicio, no avanzamos espiritualmente.
- Limpieza del karma: Cuando habitamos un planeta, a menudo creamos una situación en la que hay energía negativa que no puede limpiarse en las dimensiones superiores; debe limpiarse allí donde se creó. No hay ninguna regla o ley que obligue a un alma a limpiar el karma. Es una elección del alma. Si el karma no se limpia, la negatividad puede impedir el avance espiritual, así que normalmente el alma decide ocuparse de ella.
- Prestar servicio a los demás: Esto puede llevarse a cabo de diversas maneras - modalidades de curación, voluntariado y enseñanza son sólo algunas. Hay almas que ayudan a los demás simplemente

"siendo" y, de este modo, envían su energía amorosa y amable a todos aquellos con los que entran en contacto.

Ocasionalmente, un alma elige encarnarse con una discapacidad grave o con adicción al alcohol o a las drogas para enseñar a los demás compasión y aceptación. También hay ocasiones en las que un alma adopta una forma física sólo por la experiencia.

¿Qué Es Una Semilla Estelar?

Una Semilla Estelar es precisamente eso, un alma de otro sistema estelar que es sembrada en un planeta, alguien que tiene el deseo de experimentar la vida en muchas realidades y formas diferentes. Son exploradores y aventureros deseosos de aprender y ascender en la escala de la evolución. Muchos vienen con el propósito de ayudar a los demás, y los hay que sólo desean experimentar la vida.

Somos seres eternos; nuestras almas son eternas. En nuestra forma más pura, somos Luz, Amor/Luz, tal como es con nuestra Fuente. La forma en que experimentamos la vida en todas las realidades y en todas las formas es encarnar, volvernos físicos, tener un cuerpo.

La planificación de una encarnación requiere mucha reflexión y preparación. Es un proceso muy complicado y amplio que implica a muchas otras almas que forman parte de la familia y el grupo de almas.

Deben formularse acuerdos con cada una de las personas que formarán parte del viaje. Los padres terrenales, los hermanos, la pareja, los amigos y diversos miembros de la familia ampliada se eligen con sumo cuidado.

El tipo de cuerpo y los rasgos físicos se planifican de antemano, y todo y todos los que pertenecen al complejo viaje se seleccionan cuidadosamente. Todos deben estar totalmente de acuerdo antes de que comience la encarnación. También elegimos el karma que deseamos limpiar o equilibrar (si lo hay), las lecciones que queremos aprender y el crecimiento deseado.

Una vez finalizada toda la preparación, el proyecto final se presenta al Consejo de los Doce para su aprobación. El acuerdo del alma es un contrato sagrado al que los Seres de las dimensiones superiores se adhieren con gran respeto.

No lo hacemos solos. Contamos con la ayuda de muchos: nuestra familia del alma, nuestro grupo del alma, nuestros guías y varios consejos, sacerdotes y sacerdotisas de dimensiones superiores. Es un proceso complicado y preciso. Cuando estamos listos, se nos da una bendición y se nos envía a la realidad de elección.

Una parte importante de los criterios para tener una encarnación es que debemos tomar el Velo del Olvido, lo que significa que estamos obligados a olvidar quiénes somos y de dónde venimos, olvidar nuestra vida estelar y a los seres queridos que dejamos atrás. Si retuviéramos la memoria completa de aquellos que están en las dimensiones superiores, nuestros viajes serían casi imposibles de completar, y nuestro anhelo por nuestro verdadero hogar superaría nuestro deseo de completar la encarnación. Por lo tanto, debemos olvidar. Además, si recordáramos todo lo que sabíamos mientras vivíamos en el "otro lado", ¿qué aprenderíamos aquí?

Algunas almas vienen eligiendo un breve tiempo de olvido, y hay quienes viven la vida, hacen la transición a las dimensiones superiores de donde vinieron sin traspasar nunca el Velo, sin recordar nunca su vida en las Estrellas. Es una elección del alma.

Cuando tomamos el Velo del Olvido, existe un plan de respaldo. Cuando decidimos experimentar una encarnación, colocamos sólo una pequeña parte de nosotros mismos en un cuerpo físico. La mayor parte del alma se queda atrás, se convierte en el director del viaje y es el guía principal durante la corriente de vida. Este ser se conoce como nuestro Yo Superior.

La vida que elegimos puede ser lo que queramos que sea. Puede ser una encarnación corta, o podemos elegir vivir una vida larga, de lujo o de pobreza, de buena salud o de enfermedad crónica.

Nuestras opciones son ilimitadas. Tenemos el libre albedrío de llevar un sombrero oscuro o un sombrero blanco. No hay juicio en las dimensiones superiores; no hay bien ni mal. Todo simplemente es. Cada uno desempeña un papel por sus propias razones, y todas las elecciones son aceptadas.

Durante la encarnación, recibimos la ayuda de numerosos Seres de Luz. Tenemos nuestro propio ángel de la guarda que nunca, nunca nos abandona; es nuestro compañero constante durante toda nuestra vida. Y hay guías y ángeles que van y vienen durante nuestro viaje y pueden ser masculinos o femeninos.

La Encarnación

Una vez que nacemos, conectamos y nos ajustamos a la energía del planeta que vamos a habitar y comenzamos nuestro increíble viaje. En la infancia, nuestra energía está muy cerca de la Fuente, y el Velo no está completamente corrido. Tenemos la capacidad de ver a nuestros guías y ángeles. Por eso los bebés a menudo parecen estar mirando fijamente, viendo algo que nosotros no vemos. El "olvido" se produce gradualmente, a medida que nos condicionamos a la vida como humanos.

Muchos niños pequeños tienen un "amigo invisible", un compañero, alguien con quien interactúan cómodamente a través de conversaciones y juegos. Los adultos tienden a considerarlo imaginación, pero para el niño es real. Algunos niños ven espíritus en su habitación y, cuando se lo cuentan a sus padres, a menudo les dicen que "dejen de imaginar y se vayan a dormir". Con el tiempo, el niño empieza a creer que es su imaginación y se aísla de este gran don. Unos pocos se mantienen firmes en su verdad y continúan interactuando con el mundo del Espíritu.

Que un niño siga viendo y comunicándose con el mundo espiritual depende de la elección del alma. Algunos nunca olvidan, y otros olvidan completamente y nunca vuelven a experimentar ese mundo. Lo más común es que, cuando somos niños, veamos y conozcamos el mundo exterior, y luego, a través de condicionamientos como adquirir una creencia religiosa, asistir a un centro educativo, experimentar la presión de los compañeros y formar parte de una sociedad que a menudo descarta lo metafísico, lo olvidemos. Muchos volverán a lo metafísico, a su mundo exterior, más adelante en la vida, en un momento que se determina antes de la encarnación.

La Llamada del Alma

El viaje de cada alma es diferente y único para esa alma. Todo está planeado de antemano y guiado con precisión. Dado que el objetivo de la humanidad y el del Arcángel Gaia -la conciencia de este planeta- es ascender juntos, la mayoría de los discípulos eligen tener un tiempo designado en el que despertarán a la verdad de quiénes son y de dónde vienen.

No hay un tiempo establecido para que los encarnados despierten. Es diferente para cada uno. Puede ser como niños, adolescentes, jóvenes adultos o ancianos. Todo es una elección del alma antes de encarnar. En las reuniones de grupo que he organizado durante unos diez años, he tenido participantes de tan sólo diez años y de hasta ochenta.

La llamada del alma procede del Yo Superior y puede llegar de diversas maneras. El Espíritu es muy innovador. Entonces, la tarea del discípulo es escuchar la llamada y avanzar en el camino espiritual. El Ser Superior puede utilizar una o más de una variedad de formas para alertar al discípulo de que es hora de que comience el despertar. A menudo se habla de sincronicidades. Al universo le encantan las sincronicidades.

Los siguientes son algunos ejemplos de sincronicidades:

Un olor familiar puede estar presente sin razón aparente y continuar durante varios días, meses o incluso años. A menudo es un aroma floral, a veces humo de leña.

Un conjunto de secuencias numéricas puede aparecer con regularidad, a menudo en matrículas y vallas publicitarias.

El discípulo puede oír que le llaman por su nombre, pero no hay nadie más en la sala.

El mismo color puede verse repetidamente, y este color puede tener un significado especial para el alma del que nadie más es consciente.

Una canción que tenga un significado especial para el discípulo puede escucharse regularmente en la radio.

Una determinada farola puede apagarse y encenderse cada vez que uno pasa por debajo de ella. El Espíritu trabaja a menudo con la electricidad para atraer la atención del discípulo.

Si un discípulo se encuentra en una biblioteca buscando una solución a un problema o pregunta concretos, puede que se sienta atraído por un libro determinado, ¡o incluso puede que se caiga de la estantería delante de él! Esto le ha ocurrido a más de un Buscador dedicado.

Todos estos incidentes pueden causar confusión y suscitar preguntas que, a veces, incitan al alma a cavar más hondo, para tratar de averiguar qué está ocurriendo realmente. En ocasiones, se hace caso omiso de esta suave insistencia.

Los encarnados, haciendo uso de su libre albedrío, tienen la opción de explorar la llamada o hacer caso omiso de ella y continuar con su enfoque en la vida terrenal. Cuando eso ocurre, y si ocurre, nadie en los reinos superiores juzga a nadie. Todos somos seres eternos y tenemos la eternidad para evolucionar.

Cuando uno escucha la llamada del alma, luego atiende esa llamada y comienza el viaje hacia la iluminación, para muchos, no hay vuelta atrás-es innegable. Hay un hambre, un anhelo que obliga al alma a seguir adelante, y es entonces cuando el discípulo se convierte en un verdadero Buscador, y ese papel domina al Buscador durante el resto de la encarnación.

En ocasiones, hay almas que inician el camino de un Buscador y luego lo abandonan. A menudo, se debe a que la vida en la Tierra tiene prioridad o a que surgen circunstancias que hacen que el Buscador regrese a una vida con la que está más familiarizado o a la que se ha adaptado.

Para aquellos que continúan atendiendo a la llamada de su Yo Superior, el viaje se convierte entonces en una serie de misterios por desentrañar, de abrir puertas y explorar cada rincón y grieta antes de pasar a la siguiente puerta para las delicias que se pueden encontrar en ella, avanzando siempre hacia el Mundo del Espiritismo.

¿Qué Es El Espiritismo?

El espiritismo es estar conectado con Dios, con la naturaleza, con los demás y con lo más profundo de nosotros mismos (ir a nuestro interior y encontrar la chispa de Dios que existe allí) y descubrir realmente quiénes somos. Es sentirnos cómodos en nuestra propia piel, ser nuestro mejor amigo y gustarnos a nosotros mismos.

Es saber que nosotros en el planeta Tierra no tenemos el monopolio de la vida, saber que hay innumerables Seres que residen en el cosmos en muchos sistemas estelares y universos diferentes.

Es el conocimiento de que todos estamos aquí para aprender y evolucionar en nuestro camino de regreso a nuestra Fuente.

Es poder conectar con Dios a través de nuestros corazones sin pasar por un intermediario o una mujer. Una forma muy efectiva de hacerlo es a través del proceso de meditación.

Es conocer al Primer Creador sin la ayuda de la religión organizada.

Es una práctica que va más allá de la religión. La espiritualidad abarca todas las religiones, pero no está vinculada a ninguna fe o creencia religiosa.

Es donde estamos en armonía con el universo y la naturaleza, donde honramos todas las formas de vida, sabiendo que no estamos por encima de ninguna forma de vida porque todos somos Uno.

Es darse cuenta de que todo es energía.

Es la creencia en los guías angélicos, la meditación, la reencarnación, el karma, el yoga y los métodos curativos naturales, por nombrar algunos.

Es el conocimiento de que podemos literalmente "curar nuestra vida", de que tenemos la capacidad y el poder de curarnos a nosotros mismos, física, mental y emocionalmente.

Es utilizar nuestras capacidades psíquicas libremente y sin miedo.

Es saber que un acercamiento espiritual a Dios es a través del amor, donde no hay juicio, sólo aceptación.

El espiritismo es ser capaz de mirar a otro ser humano y percibir el alma que habita en su cuerpo físico, en lugar de ver sólo el cuerpo.

Es un mundo mágico en el que se baila con las hadas, se juega con los gnomos, se ríe con los duendes y se ve la belleza en todo y en todos. Los increíbles colores del mundo natural se vuelven más vibrantes y uno toma conciencia del glorioso diseño y la perfección de la Creación.

El Poder Curativo De La Madre Tierra

Alguien me preguntó una vez: "Si el tiempo es gris y lluvioso, ¿hay mayores niveles de energía negativa?".

Mi respuesta fue que la energía negativa que a veces experimentamos durante este tipo de clima surge de nuestro interior, y que tenemos el poder de cambiarla por energía positiva de diversas maneras.

Caminar al aire libre es terapéutico para mí. La mayoría de las veces conecto con la naturaleza, y esa conexión es muy curativa. A menudo, los paseos son una meditación. Ocasionalmente, recibo mensajes de las dimensiones superiores, y el resultado es claridad, paz y rejuvenecimiento para mi alma. Es un momento para sentir y expresar gratitud por la oportunidad de estar aquí en este momento de la historia del planeta, gratitud por esos momentos en los que me siento recompensada por algo, y gratitud por los momentos en los que lucho, ya que en esos momentos es cuando aprendo y logro el crecimiento del alma.

Mis paseos son una oportunidad para centrarme realmente en mis pensamientos, palabras, actos y emociones, para centrarme en la energía que transmito a mi entorno. Para pensar en centrarme en mi "ahora" y hacer lo que pueda para crear mi propia realidad positiva, para crear el tipo de mundo en el que quiero vivir.

Conectar con la tierra siempre es beneficioso para nuestro bienestar mental, emocional, físico y espiritual. Observa el paisaje mientras caminas. En casi cualquier parte del mundo abunda la belleza natural.

En la provincia de Alberta, donde paso los veranos, abunda el trébol en flor, y me fijo en esos encantadores y delicados florecillos. Luego están las rosas silvestres, tan abundantes en el verano de las praderas. Su aroma es delicado y agradable, y a menudo me detengo un momento para asomar la nariz a una flor rosada e inhalar su fragancia.

Sugiero que si puedes encontrar un espacio verde -la mayoría de las ciudades y pueblos los tienen- pasees por él y prestes atención a lo que la naturaleza te ofrece.

Hay conejos saltando, con sus grandes orejas tan prominentes que me hacen reír.

Los abetos y pinos son abundantes y están brotando.

Después de una tormenta durante la noche, el aire de la mañana huele tan fresco y dulce.

Escucha el canto de los pájaros; sus cantos matutinos varían mientras nos regalan un concierto de sonido armonioso.

A veces se nos regala el aroma de la hierba recién cortada.

Fíjese en las distintas tonalidades de verde a medida que camina: tantos matices diferentes de tantas plantas distintas y, sin embargo, todo se funde a la perfección, como pretendía el Creador.

A veces disfruto de un paseo matutino bajo la lluvia. Puedo llevar paraguas o no; sólo es agua y mi ropa se secará. Es muy refrescante sentir la lluvia en la cara y disfrutar del olor de la tierra mientras se lava y se nutre.

Nuestra querida Madre Tierra es una increíble sanadora. Ella elevará nuestra vibración cuando caminemos sobre ella con sólo «ser". El poder sanador de la tierra es nuestro si elegimos reconocerlo y hacer uso de él. La Madre Tierra es generosa y hermosa. Podemos devolvérselo regalándole intencionadamente nuestra Luz al dar cada paso. Me gusta dar las gracias a la Madre Tierra por su amor, su belleza y su generosidad.

Déjà Vu, Precognición Y Las Cuatro Clairs De La Intuición

Mi primer vistazo de lo paranormal fue cuando era una niña de unos ocho años. Vi a mi ángel de la guarda en el bosque mientras se movía de un árbol a otro. Se presentaba como una sombra gris, densa y de tamaño adulto. Como era un niño pequeño, no sabía lo que había visto, pero nunca lo olvidé. Aquel incidente es tan real para mí hoy como lo fue entonces.

Años más tarde, cuando tenía poco más de veinte años, experimenté déjà vu y precognición. Estas sorprendentes experiencias me desconcertaron, me plantearon muchas preguntas sin respuesta y me situaron firmemente en el camino de un verdadero Buscador. Esto es lo que aprendí.

Déjà Vu-El significado literal es "ya visto".

La definición de Wikipedia es: "…cuando una persona ha hecho algo y experimenta los mismos sentimientos o la sensación de haber vivido antes la situación presente".

La situación que vi y experimenté en ese momento fue mi recuerdo de la preparación de esa situación particular mientras formulaba mi plan de vida preencarnado.

El recuerdo era un mensaje de mi Ser Superior que decía: "Estás en el camino correcto, exactamente donde necesitas estar en este momento".

Precognición: conocimiento de un acontecimiento que aún no se ha producido. Premonición de un incidente o acontecimiento futuro.

Sabía que el teléfono iba a sonar y quién estaría al otro lado. Sabía que mi buen amigo estaba a punto de llamar a la puerta antes de que llamaran.

Clarividencia: visión clara. Ver imágenes o acontecimientos con el tercer ojo, la glándula pineal. Puede estar en nuestra cabeza como una visión o delante de nuestro cuerpo.

Clariaudiencia: audición clara. Oír una voz en la cabeza o como si alguien hablara a tu lado.

Clarisensibilidad-Sentimiento claro. Reconocer la energía o las emociones y sentimientos de otra persona, habitación, situación o área.

Clariconocimiento-Conocimiento claro. Saber algo sin leer la información o sin que nadie te la cuente.

Estos dones psíquicos pueden aflorar en cualquier momento de nuestra vida, y todo sucede cuando nuestro

Ser Superior considera que es el momento adecuado y estamos preparados para una experiencia concreta. Nuestros viajes sagrados pueden compararse con el despliegue de una flor; nada puede apresurarse. Todo tiene que ocurrir de forma natural.

Solemos recibir información o una experiencia, luego hacemos una pausa y es entonces cuando procesamos y digerimos la información. Es nuestro tiempo de "quietud". Sólo se nos da tanto como podemos retener y procesar en ese momento de nuestro viaje. La información o experiencia coincidirá con el nivel de consciencia en el que nos encontremos en ese momento.

La información se nos da a menudo como una descarga, donde permanece anidada en nuestra mente subconsciente hasta que estamos preparados para procesarla. Todas esas decisiones están bajo la dirección de nuestro Yo Superior.

En mis primeros años de búsqueda de respuestas, decidí empezar a practicar la meditación. Para alguien que nunca había meditado, era confuso y parecía muy difícil. Perseveré, y ahora la meditación es una parte importante de mi vida. Es una forma maravillosa y eficaz de conectar con el Espíritu, de conectar con el Yo Superior, los ángeles, los arcángeles, los maestros ascendidos o cualquier Ser de Luz en las dimensiones superiores. Más adelante en este libro, he escrito más a fondo sobre la práctica de la meditación.

Aprender A Conectar Con Tus Ángeles y Guías

Todos tenemos un equipo de ángeles y guías que están siempre disponibles. No interfieren en nuestro libre albedrío, pero nos ayudan siempre que pueden. Eso significa que nos ayudarán sin romper la Ley Universal de No Interferencia. Su ayuda se amplifica cuando acudimos a ellos. Todo lo que tenemos que hacer es mantener la intención de establecer esa conexión, y luego pedirla. Es tan simple, pero tan profundo. Una vez que seas consciente de ellos y les permitas entrar en tu vida de forma consciente, los sentimientos de amor, pertenencia y felicidad que experimentarás son insuperables.

Cuando conectamos con las dimensiones superiores y luego pedimos ayuda para resolver un problema o una situación concreta, hay veces en que se nos niega esa ayuda porque podría interferir en el camino de la vida; podría infringir una lección que elegimos aprender por nosotros mismos antes de encarnar y cambiar así el resultado. No somos conscientes de todo lo que planeamos realizar mientras estamos en el plano físico, pero nuestro equipo conoce nuestro plan de vida hasta el más mínimo detalle.

A veces pensamos que si preguntamos, la respuesta o la solución llegarán al instante. No siempre es así; puede que no llegue hasta pasadas unas semanas, meses o incluso años. Todo lo que ocurre durante nuestra vida está planeado y dirigido con precisión. A menudo hace falta paciencia y aceptar el resultado.

Llevo muchos años trabajando con mi equipo y es una bendición sin igual. Siempre están ahí cuando necesito ayuda, compañía o simplemente alguien con quien hablar. El camino de una Semilla Estelar puede ser muy solitario a veces, y es entonces cuando los guías y los ángeles están ahí para nosotros y nos apoyan simplemente estando ahí o quizás regalándonos un mensaje de amor y aliento.

Hay varias formas de darse cuenta de su presencia. A veces es un "saber", una sensación de saber qué hacer en una circunstancia concreta. A veces, recibimos una respuesta a una pregunta que hemos estado meditando a través de una conversación con alguien, o puede que la respuesta nos llegue a través de una canción que escuchamos.

El método que utilizaba mi equipo para llamar mi atención hace muchos años consistía en hacer parpadear las farolas cuando pasaba por debajo de ellas. Una luz se apagaba cada vez que pasaba por debajo de ella. En ese momento de mi vida, no era consciente de quién era. Sólo sabía que era el Espíritu. Una vez que me di cuenta de lo que realmente estaba ocurriendo, mi equipo utilizó las farolas para darme mensajes, haciendo que la luz se apagara y encendiera en una secuencia. Yo lo anotaba y luego corría a casa para buscar el significado de la serie de parpadeos. Fue una experiencia maravillosa y emocionante.

Una de las formas favoritas del Espíritu para ponerse en contacto con un discípulo es a través de un encantador aroma floral. También puedes sentir o percibir un ligero toque de pluma en la mejilla o la sensación de que algo o alguien te toca suavemente el pelo. Es importante expresar gratitud a tu equipo, y el respeto siempre está a la orden del día. Si no recibes ninguna señal, eso también es importante. Es un mensaje de que no es el momento adecuado. Así que no te desanimes. Sigue preguntando.

Algunos Buscadores utilizan la práctica de la escritura automática para acceder a las dimensiones superiores. Es fácil y eficaz. Sólo mantén la intención de hacer la conexión, y mentalmente pide con gran respeto que trabajen contigo mientras escribes.

Relájate y empieza a escribir lo que se te ocurra. Esto puede hacerse en cualquier momento o después de una meditación, cuando aún estás "en la zona". En algunos casos, la escritura empieza a cambiar, o puede que sientas una energía moviéndose a través de ti o a tu alrededor. Es importante recordar cuando se trabaja con los Seres de

Luz que ellos nunca causarán miedo de ninguna manera. Sus mensajes son siempre alentadores y llenos de amor y apoyo.

Los miembros de su equipo tienen un gran sentido del humor e incluso pueden divertirse con usted jugando, haciendo que su papel se mueva o incluso haciendo que se le caiga el bolígrafo o el lápiz. Son muy ingeniosos y les encanta reírse. Si no está seguro de haber conectado, pídales una señal, luego confíe en el resultado y esté abierto a lo que venga. Puede ser una secuencia de números como:

- 222-Las ideas recién plantadas empiezan a hacerse realidad.
- 333-Los Maestros Ascendidos están cerca, queriendo que sepas que cuentas con su ayuda, amor y compañía.
- 444-Los ángeles te rodean ahora, asegurándote su amor y ayuda.
- 555-Un cambio importante se avecina en tu vida.

Los ángeles también te darán mensajes en una combinación de dos o más números. Por ejemplo:

- 1s y 2s como 112 o 121-Tus pensamientos son como semillas que empiezan a brotar.
- 1s y 5s como 115 o 551-Tus pensamientos están creando cambios en tu vida.

Cada combinación o secuencia tiene un significado especial. Hay libros sobre estos números que también se pueden encontrar en Internet. Así que, si observas números recurrentes, presta atención.

Cómo Meditar y los Beneficios de la Meditación

La meditación es a la vez sencilla y más difícil de lo que la mayoría de la gente cree. Requiere concentración, fe e intención. Para quienes se inician en la práctica de la meditación, he aquí algunas pautas:

1. Busca un lugar tranquilo y apacible.
2. Empieza poco a poco, entre cinco y diez minutos.
3. Lleve ropa cómoda, nada restrictiva.
4. Puede sentarse en una silla con los pies en el suelo, tumbarse, sentarse con las piernas cruzadas o incluso arrodillarse, lo que le resulte más cómodo.
5. La habitación puede ser oscura o clara, según sus preferencias.
6. Puedes preparar el escenario con una vela, o no.

7. Empieza por establecer una intención sobre con quién te gustaría comunicarte o qué deseas conseguir con la meditación.
8. Concéntrate en tu respiración, sigue tu respiración durante unos minutos, inhala profundamente y luego exhala lentamente. Observe la sensación del aire entrando por las fosas nasales y bajando hasta los pulmones o el abdomen. Observe su espiración.
9. Sé amable contigo mismo si tu mente divaga; vuelve a centrarte suavemente en la respiración. No te juzgues; ninguna meditación es buena o mala. Aunque sólo te sientes y te relajes, habrás conseguido algo: relajarte.
10. Puedes utilizar meditaciones guiadas, y existen muchas.
11. Si sientes que es hora de parar, hazlo independientemente de lo que diga el reloj.
12. No tenga expectativas; simplemente permítase estar abierto y relajado.
13. Puede que al principio no recibas nada del Espíritu. Es un proceso, un entrenamiento, una forma de entrenar tu mente para que se concentre, una forma de sentir paz y relajación. Es una forma de activar un estado particular de conciencia.

Meditar tiene numerosos beneficios.

Meditación:

- se puede hacer en cualquier sitio,
- no requiere ropa especial,
- mejora el sueño ayudando a aprender a relajarse,
- reduce el estrés,
- disminuye la tensión arterial,
- disminuye la ansiedad,
- ofrece más sensación de bienestar,
- disminuye el ritmo cardíaco,
- mejora la circulación sanguínea,
- alarga la capacidad de atención,
- cambia la estructura del cerebro (aumenta la materia gris), y
- puede ayudar a controlar el dolor y la adicción mediante el poder de la intención.

Lo mejor de todo es que la meditación es una forma maravillosa de aquietar la mente y conectar con el Espíritu. Esto sucede a través de la intención y la creencia de que te conectarás.

Los Sueños y Nuestro Tiempo De Sueño

Mucha gente asocia la hora de dormir con los sueños, y eso es bueno. Todos soñamos. A veces recordamos los sueños, y a veces sólo tenemos un débil recuerdo de haber ido a algún sitio o de haber estado con alguien.

Todo el mundo sueña, y los sueños pueden ser desconcertantes, felices o aterradores. Los sueños no pueden tomarse al pie de la letra; nos son dados por el Espíritu como mensajes. Aunque a menudo hay muchas otras personas en tu sueño -a veces gente que conoces- cada persona en el sueño es un aspecto de ti mismo.

Por ejemplo, si sueñas que huyes de alguien, estás huyendo de ti mismo. Hay algo dentro de ti que yace enterrado, latente o escondido en lo más profundo y que te resistes a afrontar, y estás huyendo de esa verdad o situación.

Si sueña que tiene un bebé recién nacido, suele significar que en su futuro próximo hay nuevos comienzos.

Si sueña que monta en bicicleta o en moto, significa que necesita más equilibrio en su vida en algún aspecto. Estos son sólo algunos ejemplos. Hay muchos recursos disponibles en Internet y en libros si estás interesado en obtener más información sobre cómo descifrar los sueños.

Los sueños son una forma de que el Espíritu nos enseñe, una forma de recordarnos asuntos pendientes, una forma de ayudarnos a crecer, o quizás un suave empujón para que nos pongamos en marcha en una situación que nos está impidiendo avanzar espiritualmente. Una buena manera de recordar tus sueños es llevar un diario junto a tu cama y escribir todo lo que puedas recordar tan pronto como te despiertes.

Hay una diferencia entre un sueño y una visita. Un sueño es un mensaje de tu Ser Superior. Una visitación es una visita real de un alma en transición, por lo general un ser querido que ha cruzado y luego regresó en espíritu para dar un mensaje o simplemente para decir "Te amo" de una manera que usted reconocerá. Mis dos padres han regresado en espíritu para darme un mensaje de amor. Soy muy afortunada de haber tenido esas experiencias, pero, como sucede con la mayoría de las experiencias, fue una elección del alma planificada de antemano por todos los implicados.

Cuando dormimos ocurre mucho más que sueños. Es sólo nuestra mente consciente la que duerme; nuestro Cuerpo de Luz -nuestra alma- puede estar, y casi siempre lo está, muy ocupado. Todos hacemos lo que se llama viaje astral, en el que nuestra alma/cuerpo de luz abandona el cuerpo físico y viaja.

Numerosos sucesos se desarrollan a lo largo de nuestra noche. A menudo iremos a otra parte de nuestro mundo para ayudar a alguien. Hace años tuve una visión en la que sobrevolaba la ciudad de Nueva York y veía las luces navideñas en las esquinas de las calles. Era el mes de diciembre y, cuando me desperté, supe que había ido a una zona asolada por las luchas en uno de los estados del Sur, donde había mucha agitación.

En otra ocasión, tuve una visión en la que me sentaba cerca de un niño y le acariciaba la frente. Tenía una larga cabellera negra y yo sabía que estaba enfermo, así que le consolaba. Él no sabía que yo estaba allí, pero tal vez sintió el ligero roce de una mano suave en su frente y sintió el consuelo de mi ser energético.

Hay veces en que viajamos astralmente y nuestro Cuerpo de Luz regresa un nanosegundo después de que nuestra mente consciente despierta, y es entonces cuando oímos voces y tal vez oímos el final de una conversación y nos preguntamos con quién estábamos hablando. Eso me ha pasado muchas veces, y me pasó hace poco. En el pasado, me habría sentido confuso, pero ahora que soy más consciente del mundo metafísico, ¡lo celebro!

Vidas Pasadas

Nuestro tiempo de sueño es un momento excelente para recordar vidas pasadas. Nuestro Yo Superior traerá al primer plano de nuestra conciencia cualquier vida pasada que requiera atención -quizá algún karma inacabado o desequilibrado. La meditación es otra modalidad muy útil para ahondar en el desconocido mundo de las vidas pasadas. Puedo recordar algunas partes de mis vidas pasadas, y esos recuerdos son muy especiales para mí.

Piénsalo. Quizá en algún momento de tu vida fuiste una reina, un rey, un indigente o un nativo americano. Quizá fuiste el General Custer. Quizá fuiste un samurái en Japón o un faraón en Egipto. O una bruja druida bailando alrededor de una enorme olla hirviendo, echando el ojo de tritón en tu poción mágica.

La mente y nuestra imaginación no conocen límites. Cuando encarnamos, podemos ponernos cualquier "sombrero" que elijamos para experimentar la vida en todas sus formas y realidades. Es realmente increíble. Tu hermana podría haber sido tu madre en otra vida, tu tía podría haber sido tu mejor amiga, y en esta vida, tienes cosas que resolver con esa alma. ¿Karma? Tal vez.

Todo está contenido dentro del mundo mágico y místico del Gran Desconocido, y ese Gran Desconocido es lo que tú, como Buscador dedicado, estás aquí para explorar. Es emocionante, abre los ojos -como en el tercer ojo- y es un gran momento de aprendizaje para avanzar en la evolución.

Las vidas pasadas son muy significativas porque somos el producto de cada encarnación, experiencia, situación y acontecimiento al que nos hemos enfrentado desde que nuestra alma fue arrojada por primera vez por la energía de la Fuente. Esta vida presente es una culminación de cada encarnación que hemos elegido a lo largo del tiempo, y esa es una de las razones por las que es tan importante reconocer la verdad de quiénes somos y de dónde venimos. Esa verdad es un requisito si la elección es ascender esta vez.

Ascensión vs. Transición

¿QUÉ ES LA ASCENSIÓN?

La Ascensión es un camino, el camino de la evolución. Estamos en constante evolución. Esa es la naturaleza del alma. Nos esforzamos constantemente por alcanzar o acercarnos a nuestra Fuente, y la única forma de hacerlo es elevando nuestra conciencia. Ese proceso lleva eones, y como somos seres inmortales y atemporales, tenemos mucho tiempo para experimentar una variedad de realidades a lo largo del camino.

Algunos de nosotros nos contrajimos para ascender durante esta vida, y otros no. Uno no es mejor que el otro, sólo diferente.

La ascensión no es un lugar al que ir; es un nivel de conciencia, un estado del ser.

Significa que alcanzamos al menos un nivel de conciencia de quinta dimensión.

Cuando nos referimos a «ascender en lo físico", eso representa alcanzar el nivel de conciencia de quinta dimensión o superior mientras aún habitamos nuestro cuerpo físico y sin pasar por el "proceso de morir".

Somos seres multidimensionales y hemos ascendido numerosas veces durante varias vidas en varias dimensiones, planetas, galaxias y universos. Elegimos ascender con Gaia y el colectivo de este planeta en este momento. Estamos constantemente evolucionando y ascendiendo, y esto nunca terminará, ya que somos seres eternos.

¿QUÉ ES LA TRANSICIÓN?

La transición indica cambio. La palabra "transición" se utiliza a menudo en el mundo espiritual en lugar de la palabra «muerte", ya que para algunas personas la "muerte" encierra una energía de miedo a lo desconocido. La muerte del cuerpo físico ocurre cuando hemos completado nuestra encarnación y volvemos a casa con nuestras familias en las estrellas.

No morimos, sólo nuestro cuerpo físico lo hace. Nuestra alma es eterna. No somos nuestro cuerpo; somos nuestra alma.

Nuestro cuerpo físico es el vehículo que elegimos utilizar mientras estamos en este planeta en esta vida.

Alberga nuestra alma, que necesita una «casa" física durante una encarnación.

Algunas verdades sobre la ascensión y la transición:

- Un alma puede ascender sin transición.
- Un alma puede hacer la transición sin ascender.
- Un alma puede ascender y transitar al mismo tiempo.

Ambos hechos no son necesariamente sinónimos.

La Flor Se Despliega

A medida que avanzamos en nuestra búsqueda del conocimiento, nuestro cuerpo físico, emocional, mental y espiritual empieza a cambiar. Puede compararse con una metamorfosis, como una mariposa que atraviesa las distintas etapas de la vida.

Algunos de los primeros indicadores de estos ajustes en el cuerpo físico incluyen un cambio en el apetito. Alimentos como la carne, los lácteos, los huevos y los alimentos muy procesados pueden causar molestias digestivas. Puede haber una aversión a los que antes se deseaban; a menudo no se toleran las bebidas alcohólicas. Las frutas, verduras y muchos alimentos vegetales sustituyen a los altamente procesados, ya que el discípulo anhela alimentos más sanos. El discípulo puede perder o ganar peso, y puede aparecer el insomnio o el deseo de dormir más. El exceso de ruido puede causar grandes molestias a algunas personas.

El cuerpo humano es inteligente, más inteligente que la mente que suele controlarlo. El cuerpo sabe cómo mantenerse en buen estado de funcionamiento. El cuerpo no es lo que tú eres; es el recipiente que el alma eligió para navegar en el viaje. El cuerpo "alberga" el alma, y por eso es tan importante cuidarlo bien. El alma no puede encarnarse. Necesita un recipiente físico que la contenga y la transporte a lo largo de su vida.

El cuerpo emocional también experimenta cambios masivos: los intereses cambian, las personas que antes se consideraban buenos amigos dejan de resonar energéticamente, las relaciones pueden quedarse en el camino y a menudo se producen cambios de trabajo. Es importante equilibrar las energías masculina y femenina.

La glándula pineal comienza a despertarse a medida que se disipa la envoltura del Velo: afloran las capacidades psíquicas, los sueños pueden ser más vívidos, se presentan al discípulo experiencias paranormales, la intuición se fortalece y los mensajes de las dimensiones superiores llegan con mayor frecuencia y claridad. Las imágenes de los espíritus pueden verse con los ojos físicos o con el tercer ojo, la glándula pineal.

El discípulo busca grupos de personas con ideas afines y a menudo asiste a diversas clases en busca de respuestas. A menudo se desarrolla un interés por la curación natural, y estas áreas de la atención sanitaria se utilizan a menudo en lugar de confiar únicamente en los trabajadores médicos y los productos farmacéuticos.

Puede surgir el impulso de convertirse en practicante de modalidades curativas como la meditación, el masaje y el Reiki. Los establecimientos de la Nueva Era despiertan el interés, y se exploran todos los tesoros de esas tiendas, como cristales, velas, incienso, música de meditación, iconos y aceites esenciales. Abundan los cambios masivos en el estilo de vida.

La Autopista de la Semilla Estelar es un camino increíble, asombroso y emocionante. A medida que el Buscador avanza de un ciclo o fase a otra, cada paso aporta claridad y, a menudo, más preguntas. Es comparable a abrir puertas. Abres una puerta, exploras el nuevo entorno, obtienes claridad, luego pasas a la siguiente habitación y exploras esa, y así sucesivamente. Más preguntas traen más búsqueda y experiencias más ricas y emocionantes.

A medida que aprendemos y crecemos espiritualmente, cambiamos constantemente, y estos cambios nos impulsan siempre hacia adelante. Pronto nos adentramos en el misterioso mundo de los chakras y las auras.

Las Chakras

¿Qué son?

¿A qué se dedican?

¿Cómo afectan a nuestro viaje?

Tenemos un cuerpo físico, pero también un cuerpo energético. Nuestro cuerpo físico es el recipiente que alberga el alma. El cuerpo energético *es* el alma. Es el *prana* o fuerza vital dentro de nosotros, dentro del recipiente físico. Está compuesto por nuestra conciencia, los chakras, la kundalini y el campo áurico.

Hay siete chakras principales y muchos más pequeños que pueden reconocerse como una miríada de corrientes vitales que recorren todo el cuerpo humano. En la antigua lengua de la India (sánscrito), la palabra "chakra" significa "rueda" o "disco".

Los chakras son centros de energía dentro del cuerpo físico, y cada uno corresponde a nervios y órganos específicos. Todos los chakras contienen y conducen energía, y cada uno tiene un propósito distinto que está diseñado para mantener el cuerpo físico en buenas condiciones de funcionamiento. Cada chakra tiene un color determinado.

Los chakras captan la energía del mundo exterior y aportan la esencia vital necesaria a todos los órganos del cuerpo. Estos centros energéticos afectan a los cuatro órganos del cuerpo -espiritual, emocional, mental y físico-, lo que significa que todo lo que ocurre en nuestro cuerpo en relación con nuestros pensamientos y sentimientos se refleja en los chakras.

Cuando estamos tranquilos, en paz y felices, los chakras funcionan eficaz y perfectamente. Cuando hay un problema con uno o más de nuestros cuatro cuerpos, los chakras se vuelven lentos y no funcionan tan bien. Por ejemplo, si somos infelices y nos sentimos deprimidos, enfadados o ansiosos, esas emociones afectarán a nuestros órganos y causarán diversos problemas físicos, como la disminución de nuestro sistema inmunitario, lo que nos hará vulnerables a las enfermedades y al dolor.

Los tres chakras inferiores son la raíz, el sacro y el plexo solar. Estos tres chakras inferiores pertenecen a la parte física de la vida. Los tres superiores son garganta, tercer ojo y coronilla, y asumen la responsabilidad del aspecto espiritual del viaje. El chakra del corazón se encuentra en el centro de los chakras superiores e inferiores y actúa como puente entre lo físico y lo espiritual.

1. Chakra raíz: de color rojo rubí. El chakra raíz está relacionado con nuestra supervivencia y conexión a tierra, la voluntad de vivir y todo lo que hace que el cuerpo se sienta seguro y protegido, como la comida, el refugio y el dinero. Está situado en la base de la columna vertebral. Es el más cercano a la tierra y nos ayuda a mantenernos conectados a ella. Este chakra sostiene la columna vertebral, los riñones, los huesos y los músculos.
2. Chakra sacro: de color naranja. El chakra sacro es nuestra identidad emocional, nuestro dar y recibir, la creatividad, la pasión y la sexualidad. Está situado justo debajo del ombligo. Trabaja con los ovarios, los testículos y el sistema inmunitario.
3. Plexo solar: de color amarillo. El chakra del plexo solar es donde reside nuestro poder, nuestra fuerza central, nuestra fuerza de voluntad. Se relaciona con nuestra autodeterminación, motivación, metas, control y libertad. Este chakra trabaja con el páncreas, el estómago, la vesícula biliar y el intestino delgado, y está situado justo debajo de la caja torácica, en la zona del diafragma.
4. Chakra del corazón: de color verde. Es el vínculo entre los tres chakras inferiores y los tres chakras superiores. Es donde y como conectamos lo físico (los tres chakras inferiores) con lo espiritual (los

tres chakras superiores). En el chakra del corazón reside nuestra compasión, aceptación y amor por nosotros mismos y por los demás. Es el centro de la armonía, la paz y el equilibrio y funciona como "limpiador" de la energía negativa propia o ajena. Este chakra se ocupa del sistema circulatorio, el corazón, el timo y la parte superior de la espalda.

5. Chakra de la garganta: de color azul. Este chakra es nuestro centro de comunicación, el centro de la autoexpresión, nuestra verdad y la forma en que nos representamos ante el mundo exterior. Sostiene la tiroides, los pulmones, el esófago, los bronquios y la garganta.

6. Chakra del tercer ojo: de color índigo. Está situado entre las cejas y es el centro de nuestra conciencia, perspicacia, intuición, visiones y sabiduría. Sostiene la glándula pituitaria, la glándula pineal, los oídos y el sistema nervioso.

7. Chakra coronario-Algunos lo reconocen como violeta, otros como blanco o una combinación de ambos. El chakra coronario es el chakra de la expresión espiritual, del despertar y de nuestra conexión con el mundo espiritual. Es nuestra identidad universal, nuestra conciencia cósmica, el centro de nuestra Presencia YO SOY. Es desde donde trabajamos para expandir nuestra concien-

cia. Está situado en la parte superior de la cabeza, en la coronilla.

Dado que los chakras afectan a nuestra vida en todos los sentidos, es importante mantenerlos despejados, limpios y equilibrados. Hay una variedad de métodos que podemos utilizar para mantener nuestro cuerpo energético en buen estado de funcionamiento, como la meditación, la intención y la visualización.

Limpiar y Equilibrar los Chakras

La luz es la manifestación que mantiene la vibración más cercana a la Fuente, y el agua es la segunda. Utilizar la luz para limpiar y limpiar los chakras es sencillo y eficaz. Cada vez que un Starseed trabaja en su interior, siempre es una buena idea llamar al Espíritu. Llama a tu Ser Superior, a tu equipo de ángeles y guías, o a cualquier ángel específico con el que te sientas cómodo.

A continuación, mantén la intención de abrir el chakra de la coronilla e imagina un glorioso rayo de luz blanca que desciende de los cielos hacia la coronilla y recorre lentamente los chakras, limpiando y limpiando cada uno de ellos. No hay límite para lo que puedes hacer; es lo que tú imagines. ¡Sé inventivo!

Puedes visualizar la luz blanca recogiendo todo lo que no está en tu más alto y mejor bien mientras progresa hacia abajo a tus chakras de los pies y hacia fuera a la tierra, tan profundo como desees, donde será transformado por la Madre Tierra en una hermosa luz dorada.

El agua es otra herramienta poderosa para utilizar en el proceso de limpieza de los chakras. Cuando estés en la ducha, conecta con el Espíritu e imagina que el agua fluye sobre ti, limpiando cada chakra, empezando por la coronilla. Mantén la intención de que todo lo que no sea para tu mayor y mejor bien se está yendo por el desagüe para ser transmutado por la Madre Tierra.

Una buena forma de equilibrar y alinear los chakras es, mientras meditas, imaginar cada uno de tus siete chakras principales del tamaño de una pelota de baloncesto. A continuación, colóquelos uno encima de otro formando una columna perfecta, asegurándose de que todos tienen el mismo tamaño. A continuación, visualiza un rayo de luz blanca que desciende hacia el chakra de la coronilla y recorre los chakras en línea recta, alineándolos perfectamente.

Existen numerosas formas de limpiar, equilibrar y alinear los chakras, y éstas son sólo algunas de ellas. Es importante utilizar las herramientas que te resulten más eficaces y con las que te sientas más cómodo.

El Aura

El aura es un campo de energía que rodea todo lo que tiene una vibración, como la luna, los planetas, los seres humanos, los animales, las plantas y los cristales. Algunas personas pueden verla con los ojos físicos, pero eso puede requerir práctica.

El aura humana es un campo multicapa de luz viva que rodea el cuerpo y está compuesto por información de cada célula del cuerpo. Tiene siete capas que corresponden a los siete chakras.

Estas dos fuerzas de la esencia vital se afectan mutuamente, y una es indicio de la otra. El aura es la energía externa del cuerpo, mientras que los chakras son la energía interna. Cada banda de energía tiene un color diferente, vibra a una frecuencia distinta y se corresponde con un chakra específico.

El aura es tu espacio energético. Es la energía exterior que representa lo que ocurre dentro de nuestro ser energético interno. Esto significa que lo que ocurre en nuestros cuatro cuerpos (mental, emocional, espiritual y físico) afecta a nuestros chakras, que a su vez se reflejan en el campo energético que rodea nuestro cuerpo físico: el aura.

El campo áurico es una indicación directa de lo que ocurre internamente. Si tus emociones están alteradas o hay confusión en tu mente, todo se refleja en el aura. Hay formas de proteger tu aura. He aquí algunas:

- Rodéate de la Luz blanca del cielo
- Difuminar con salvia u otras hierbas
- Repetir afirmaciones positivas
- Evitar a las personas negativas
- Crear una rejilla de cristal

Siempre hay ángeles y guías disponibles para ayudar en cualquier situación si no interfiere con la Ley Universal de No Interferencia. Llama a cualquiera de los miembros de tu equipo cuando tengas dudas.

Los chakras captan energía del mundo exterior y también emiten su propia energía, representada por una banda de frecuencia, que crea el campo áurico. Cada banda vibra a una frecuencia distinta y se corresponde con un chakra específico. De este modo, los chakras crean un puente entre el cuerpo físico y el cuerpo espiritual y actúan como campo protector del cuerpo físico, emocional y mental.

El campo protector funciona así: Tal vez, al conocer a alguien por primera vez, te has sentido un poco mal, te ha subido un escalofrío por los brazos o simplemente has sentido aversión y no has entendido la sensación. Simplemente te sentiste "fuera de lugar". Sentías que había algo en la otra persona que te incomodaba. La razón era que tu energía no coincidía; tu campo áurico no estaba en la misma frecuencia de vibración que el del extraño. Podría haber sido un problema de vidas pasadas, o simplemente estabas captando una energía que te resultaba incómoda.

Suele ser prudente escuchar lo que nos dice el cuerpo, ya sea cuando conocemos a otra persona por primera vez o cuando sentimos aversión a un alimento o bebida concretos.

A medida que la Semilla Estelar profundiza más y más en lo metafísico, el Yo Superior le presenta más experiencias nuevas y emocionantes. Las experiencias se dan cuando el Starseed está preparado, y todo forma parte del despliegue de la flor.

Todas las experiencias de vidas pasadas y presentes contribuyen al avance del alma en el Camino hacia la Iluminación. Estas experiencias también despiertan a menudo la curiosidad, que luego conduce a más búsqueda y más respuestas.

Algunas de estas experiencias son:

- El recuerdo de una vida pasada
- Visiones de una vida pasada
- Recibir un mensaje de un familiar fallecido
- Ver el espíritu de un ser querido fallecido.

Amor vs. Miedo

Durante una de mis reuniones de grupo en 2020, me sentí guiado a plantear esta pregunta al grupo que se sentó conmigo: ¿Cuál es la vibración *global* más predominante que obstaculiza el proceso de ascensión y la evolución? La respuesta fue, y sigue siendo, *el miedo*.

Imagina cómo sería nuestro mundo si la vibración predominante fuera *el amor*. Qué mundo tan magnífico sería éste. Si todos los que están leyendo estas palabras enviaran esa intención, esa energía de amor, piensen en la diferencia que supondría para la pobreza y el sufrimiento en el mundo. La intención y la energía son ambas muy poderosas, así que todos podríamos hacer grandes cambios que impactarían nuestro globo de una manera muy positiva.

John Lennon dijo una vez: «Hay dos fuerzas motivadoras básicas: el miedo y el amor. Cuando tenemos miedo, nos apartamos de la vida. Cuando estamos enamorados, nos abrimos a todo lo que la vida nos ofrece con pasión, entusiasmo y aceptación. Tenemos que aprender a querernos primero a nosotros mismos, con todo nuestro esplendor y nuestras imperfecciones. Si no podemos amarnos a nosotros mismos, no podremos abrirnos plenamente a nuestra capacidad de amar a los demás ni a nuestro potencial para crear. La evolución y todas las esperanzas de un mundo mejor descansan en la intrepidez y la visión de corazón abierto de las personas que abrazan la vida".

Hay una energía irresistible en las palabras de John Lennon; ciertamente, nos dan mucho en qué pensar. El amor es la fuerza más poderosa del universo, del multiverso y del omniverso, de la Creación. El miedo también es una fuerza poderosa. Lo maravilloso es que podemos elegir con cuál de ellas vivimos mientras creamos nuestra vida momento a momento, eligiendo nuestras acciones, pensamientos, palabras y actos.

Nacimos del amor, de Aquel que es amor y luz; y desde ese principio, fuimos enviados a crear nuestro mundo, un mundo de ilusión. En este mundo ilusorio, creamos el miedo. Somos libres de expresar cualquiera de estas emociones a través de nuestro derecho de libre albedrío otorgado por Dios.

El amor y el miedo son emociones fundamentales de las que se derivan muchas otras emociones. Se podría pensar en ellas como aspectos de las emociones verdaderas o resultados de las emociones verdaderas.

Al amor le siguen la paz, la alegría, el equilibrio, el perdón, la aceptación, la armonía, la serenidad, la relajación y la compasión.

Al miedo le siguen la culpa, la ira, los celos, la codicia, el juicio, la tristeza, el dolor, la ansiedad, el estrés, la fatiga y la depresión.

Donde hay amor, el miedo no puede sobrevivir, y donde hay miedo, el amor no puede sobrevivir; son dos polaridades y no pueden existir al mismo tiempo. El amor es real, pero el miedo es una ilusión, una ilusión que creamos para nosotros mismos. Puesto que tenemos libre albedrío para elegir, nuestra vida es lo que nosotros hacemos de ella. Lo hacemos creando nuestro mundo a través de nuestras acciones y reacciones. Todo es cuestión de actitud.

Estamos acostumbrados a vivir con la sensación de estar siendo atacados, por lo que se ha convertido en una segunda naturaleza vivir con estrés y ponernos a la defensiva. Esto se debe a la memoria celular del sufrimiento que hemos experimentado a lo largo de miles de vidas. Hemos traído a nuestra encarnación actual los informes de los medios de comunicación modernos, la competencia en la oficina, la inseguridad laboral, las fobias, la contaminación, y hay muchos otros. Por eso, nos cuesta creer que somos libres para vivir en el amor, libres para relajarnos y disfrutar de la vida, libres para ver la belleza que nos rodea cada día.

Cuando por fin nos damos cuenta de la verdad de esto, empezamos a asumir la responsabilidad de nuestras vidas. Dejamos de culpar a otras personas y a las circunstancias que nos rodean por nuestros retos diarios, que son lecciones que encarnamos aquí para aprender. Cuando empezamos a decir sí al amor, eso es lo que enviamos al universo, y eso es lo que recibimos de vuelta. Saber esto hace que nuestro viaje por la vida sea mucho más fácil.

Ego – ¿Qué Es?

De todos los demás retos a los que se enfrenta una Semilla estelar, el ego es uno enorme.

Wikipedia afirma que el ego es el sentido de autoestima, autoimportancia, autovaloración, autorrespeto, autoimagen y autoconfianza de una persona.

El ego también puede describirse como orgullo de uno mismo. Otra definición es: la parte de la mente responsable de la comprobación de la realidad y del sentimiento de identidad personal.

En la antigüedad, durante las eras Atlántica y Lemuriana, cuando un espíritu deseaba experimentar una vida en la Tierra, manifestaba un cuerpo físico instantáneamente, pero requería una concentración constante para mantener el cuerpo.

Así que el espíritu, el Yo Superior, decidió crear un ego, que permitiría al cuerpo físico mantenerse. El ego es el satélite, o una expansión del alma, una parte del alma.

El alma utiliza el ego para llevar el cuerpo físico a lo largo de la vida con el fin de adquirir experiencia y aprender lecciones que ayuden al crecimiento del alma. El ego debe aprender lo suficiente para elevar su vibración a su naturaleza espiritual superior. Cuando haya adquirido suficiente experiencia y aprendido las lecciones establecidas, podrá fusionarse con el Yo Superior y ascender.

Ahora bien, dicho todo esto, ¿cómo nos afecta nuestro ego en nuestro día a día?

¿Somos capaces de controlar nuestro ego? Y, si es así, ¿cómo lo hacemos?

En primer lugar, hay que saber que el ego es necesario para nuestra existencia. Es lo que somos. Necesitamos nuestro ego para movernos en este planeta de tercera dimensión en el que nos encontramos, porque es un planeta de dualidad y desafíos. Para entender mejor el ego, tenemos que darnos cuenta de que el trabajo del ego es defender y proteger el «yo".

Durante los tiempos primitivos, el ego funcionaba en el modo de lucha o huida, que era nuestra forma de sobrevivir. Como ya no vivimos como seres primitivos, al haber evolucionado y ser más conscientes, ya no necesitamos esa parte del ego, pero el ego no lo ha aprendido. Esto significa que debemos ser más conscientes de nuestro yo-ego.

Cuando empecé a meditar, la mayor dificultad que encontré fueron los pensamientos que interrumpían mi proceso de meditación, como los de las tareas mundanas.

¿Qué cocino mañana? Tengo que hacer la lista de la compra. Hay que hacer la colada.

Mi ángel de la guarda me dijo que aquietara mi mente encerrando mis pensamientos en una burbuja y dejándola a un lado hasta que terminara de meditar. Me dijo que la razón por la que mi mente estaba tan ocupada durante la meditación era que mi ego temía que «fuera a algún lugar" y no regresara.

El ego necesitaba control, debido a su miedo. "¡Ajá!", dices, ahí está el miedo asomando la cabeza de nuevo. Así es. Con el tiempo me di cuenta de que la forma de dejar a un lado el miedo era a través de la respiración consciente, centrándome en la respiración. La respiración consciente consiste simplemente en concentrarse en cada inhalación y exhalación. Además, es un método muy eficaz para reclamar el ego durante cualquier meditación.

El ego puede ser un hacedor de travesuras, causando todo tipo de problemas al controlar nuestra vida si no mantenemos una conciencia consciente en todo momento. El ego es muy experto en justificar: yo tengo razón y tú estás equivocado, en quejarse, en mostrar y sentir resentimiento. Todo esto lo hace para proteger al «yo". Nuestro papel es reconocer esto y luego calmar y manejar el ego.

Al ego le gusta el control y el poder; sin embargo, demasiado control y poder pueden obstruir nuestro canal con el Espíritu al interponerse en el camino del flujo de la gracia. Este es un gran obstáculo para lograr la comunicación con el Espíritu y uno que debemos superar para lograr el crecimiento del alma en esta encarnación.

He aquí algunas formas de gestionar el ego:

- Piensa antes de hablar, controla tus palabras.
- El silencio es oro: más vale callar que tener razón.
- Céntrate en tu potencial, no en las limitaciones que percibes. Cuando te sientes cómodo en tu propia piel y te quieres a ti mismo, desaparece la necesidad de compararte.
- Ver la divinidad en los demás y reconocer que todos son hijos de Dios.

Amor Incondicional

Mi camino espiritual ha sido continuo durante muchos años, y en un momento dado, reflexioné sobre el verdadero significado del *amor incondicional*. Después de mucho pensar y meditar, finalmente comprendí el concepto.

El amor incondicional parece indicar que, como Buscadores, debemos amar a todos y a todo incondicionalmente. Y debemos hacerlo, pero no de la forma que pensamos. Simplemente significa que debemos aceptar el camino de los demás, sin importar lo que hagan o digan. No significa que deba gustarnos o incluso comprenderlo, sino que debemos aceptar incondicionalmente dónde se encuentra otra alma en el camino que ha elegido, sin ningún vestigio de juicio. Si nuestras energías no coinciden o dejan de coincidir, somos libres de enviar amor a una persona y luego retirarnos y continuar nuestros caminos por separado.

Un Starseed dedicado y decidido empieza a aprender a aceptar a los demás que no les entienden, no les quieren entender o no les pueden entender, aunque puedan surgir situaciones problemáticas. Se trata de los distintos niveles de conciencia que existen en nuestra sociedad.

La aceptación de los demás está en correlación directa con el nivel de conciencia en el que opera un discípulo. A medida que la conciencia aumenta, también lo hace la capacidad de tratar con personas o situaciones difíciles o negativas de una manera amorosa, compasiva y sin prejuicios.

Una joven sabia me dijo una vez: "Lo que los demás piensen de mí no es asunto mío. Ese es su mundo". Nuestra tarea consiste en prestar atención a nuestros propios pensamientos, palabras y actos, y luego permitir que los demás sigan su camino de la manera que elijan. Cuando aprendí esta verdad, fue increíblemente liberador para mí. Sentí que me había quitado un peso de encima, y así fue.

Otro elemento del amor incondicional es cuando lo aplicamos a nosotros mismos. Es mucho más fácil aceptar, perdonar y no juzgar a otro que amarnos, perdonarnos y no juzgarnos a nosotros mismos. Si no podemos amarnos y aceptarnos a nosotros mismos, no podremos verdaderamente amar y aceptar a otro. Así de sencillo.

Amor Propio, Autoperdón, No Juzgarse A Sí Mismo

A medida que recorremos el camino hacia la iluminación, algunas de las cuestiones más desafiantes a las que nos enfrentamos son aprender a amarnos y perdonarnos a nosotros mismos. El amor propio es crucial para la evolución del alma. Parece bastante simple, pero es una de las cosas más difíciles para un aspirante a Starseed. Para amarnos a nosotros mismos, primero debemos aprender a perdonarnos y evitar el autojuicio.

A menudo es fácil perdonar a los demás pero no a nosotros mismos porque no nos queremos lo suficiente. La falta de autoperdón proviene del autojuicio, que conduce a la incapacidad de amarnos a nosotros mismos. Juzgarse a uno mismo es un obstáculo para avanzar en la conciencia.

Nosotros, como aspirantes a discípulos, a menudo nos juzgamos duramente, y eso nos sitúa en las vibraciones inferiores. Cuando nos juzgamos por cometer un error, sentimos culpa y vergüenza. La culpa y la vergüenza, junto con el miedo, son enormes cargas que nos imponemos a nosotros mismos.

Hemos encarnado en el planeta Tierra muchas veces, y a través de eso, hemos adquirido creencias que nos han seguido encarnación tras encarnación. Es *en esta* encarnación donde elegimos abandonar esas viejas creencias que están inhibiendo la progresión de nuestra alma. Es importante recordar que no somos perfectos; llevamos forma humana y vivimos en un entorno denso plagado de situaciones desafiantes cada día.

Hablar o pensar negativamente sobre nosotros mismos o compararnos con los demás y, en esa comparación, quedarnos cortos, es autolimitante. Tenemos que centrarnos en nuestro potencial, no en nuestras limitaciones. Tenemos que darnos cuenta de que cada experiencia tiene valor y llegar a un punto en el que estemos satisfechos con lo que somos. Por eso es importante que seamos amables con nosotros mismos. Cometemos errores, pero quizá podamos convertir ese "error" en una oportunidad aprendiendo de él.

Error U Oportunidad

La adversidad puede ser nuestra mejor amiga porque aprendemos a través de ella. Dentro de los contratos de nuestra alma hay ciertas lecciones que elegimos aprender. Cuando hay un problema en nuestra vida que está bloqueando nuestro impulso hacia adelante, nuestro Ser Superior colocará situaciones frente a nosotros repetidamente hasta que lo hagamos bien, hasta que superemos ese obstáculo para que seamos capaces de seguir adelante y abrir la siguiente puerta.

A través de la experiencia, adquirimos conocimiento y comprensión y podemos alcanzar nuestro máximo potencial. Esta conciencia nos da el poder de tomar las riendas de nuestra vida y crear nuestra realidad momento a momento.

Sabia es el alma que aprende de un "error" percibido. En lugar de machacarnos por algo que dijimos o hicimos y de lo que luego nos arrepentimos, es mejor dar mentalmente un paso atrás y tratar de analizar la situación con objetividad.

Nuestro lado humano aflorará de vez en cuando, y eso es normal. Todos estamos aquí para aprender y lograr el crecimiento del alma. Tropezamos, a veces caemos, nos levantamos y seguimos adelante. Sin embargo, *somos* responsables de nuestros pensamientos, palabras y acciones. Culpar a los demás no nos ayuda a aprender; es una salida fácil. Asumir la responsabilidad de lo que pensamos, decimos y hacemos demuestra la madurez del alma.

Una buena manera de sacar partido de una situación negativa es darse cuenta de que lo importante no es la situación, sino lo que hacemos con ella. ¿Actuamos o reaccionamos?

¿Qué es más importante, participar en la negatividad o seguir adelante y obtener crecimiento del alma de este drama que llamamos *vida*?

Expectativas

Las expectativas se definen como la creencia de que algo va a suceder de una determinada manera o la creencia de que algo debería suceder de una determinada manera.

La anticipación es la firme creencia de que obtendrás algo que deseas.

Intente evitar decepciones estableciendo de antemano lo que una persona o una línea de actuación puede conseguir o llevar a cabo de forma realista.

Una expectativa, que es una creencia centrada en el futuro, puede ser realista o no. Entonces, un resultado que consideramos poco ventajoso da lugar a la decepción.

Las expectativas forman parte de la vida cotidiana. Todos tenemos expectativas, lo que significa que todos nos exponemos a la decepción, especialmente en lo que respecta a lo que otra persona hará o dirá. La mejor manera de evitar decepciones es aceptar a los demás tal como son y no esperar más de lo que están dispuestos a dar.

Cuando esperamos demasiado de otra persona y no cumple nuestras expectativas, nos sentimos decepcionados, lo que a menudo nos lleva a culparla. Conviene recordar que nadie puede herir nuestros sentimientos ni causarnos tristeza o decepción si nosotros no lo permitimos. Todos tenemos el poder de controlar lo que pensamos y sentimos. Tenemos poder sobre nuestras propias emociones.

Una vez que aceptamos esta verdad, la vida se hace más fácil porque ponemos la responsabilidad en nosotros mismos, que es donde debe estar.

Hay un dicho: Sólo podemos controlar lo que pensamos, decimos o hacemos; no tenemos control sobre lo que otros dicen, piensan o hacen. Esto es cierto. Sin embargo, podemos controlar nuestras *reacciones* ante cualquier situación a la que nos enfrentemos.

La paz comienza cuando terminan las expectativas.

~ Sri Chinmoy
(27 de agosto de 1931- 11 de octubre de 2007)

Misticismo, Sanación y Energía

A lo largo del camino hacia la iluminación, una Semilla estelar dedicado a menudo se sumerge en el mundo del misticismo con gran entusiasmo. En su búsqueda de más conocimiento, se informará sobre las diversas clases, grupos, reuniones y talleres que se ofrecen en su zona y, a continuación, explorará cada uno de los que despierten su interés.

Se sentirán atraídos por lo que más necesiten en su viaje en ese momento, y luego pasarán a otro cuando estén preparados para ello. Para algunos, es una búsqueda interminable, ya que un poco de conocimiento les lleva a desear más. Hay que abrir todas las puertas, explorar y digerir todos los temas a medida que se reflexiona y se procesa la información y la energía.

Un maestro, un taller, un psíquico llevará a otro, y más y más se presentarán a la Semilla Estelar para la investigación a medida que avanzan en su camino. El mundo de la energía sale a la superficie para ser explorado. Técnicas de sanación como el Reiki, el tapping y el masaje pueden atraer el interés de un discípulo, junto con el yoga y el tai chi.

Existen varias formas de yoga y tai chi, y todas son beneficiosas para el cuerpo. Se trata de métodos antiguos y suaves para sanar el cuerpo y el alma, y también son formas muy eficaces de elevar la vibración de un Buscador. Tanto el yoga como el tai chi pueden ser una práctica de meditación.

El Buscador conocerá el poder y la energía de los cristales, la astrología, el estudio del astral, la numerología y el misterio de los números, e incluso el mundo profundo de los chamanes. Hay una gran variedad de vías que explorar, y el Buscador dedicado nunca se saciará, nunca estará saciado. Los discípulos buscarán y encontrarán tiendas llenas de cristales, aceites esenciales, libros fascinantes, estatuas, objetos de colección y joyas únicas para comprar o simplemente mirar. Los aromas místicos presentes y la energía contenida en esas moradas son como el alimento del alma. El deseo de seguir aprendiendo y de vivir más experiencias se expande con cada bocado de información, hasta que no queda puerta sin abrir ni piedra sin remover.

Hay magia por todas partes: en la naturaleza, en los guijarros, la flora y la fauna. Luego viene el conocimiento del mundo de los elementales, las divas, los duendes y las hadas. Existen, son reales, pero la mayoría de nosotros no podemos verlos. Cuando el aspirante acepta esta verdad, se produce más magia. Uno ve la belleza en todo, en la naturaleza, en los reinos animal, vegetal y mineral.

Cada área que se explora acerca más y más al Buscador al Espíritu, a su Yo Superior, a su equipo de ángeles y guías, a la energía de la Fuente, al maravilloso mundo de lo Gran Desconocido. Entonces su búsqueda puede dirigirse a la esfera de las densidades y dimensiones. Este fascinante tema se explora y explica con más detalle más adelante en este libro.

La búsqueda de más conocimientos va acompañada de un aumento de la conciencia. Con cada vía de búsqueda, con cada nuevo avance, el aspirante expande su conciencia.

Cristales

Muchas semillas estelares descubren y se centran en el delicioso mundo de los cristales. Los cristales forman parte de la primera dimensión y tienen conciencia. Cada cristal contiene su propia forma de energía y por lo tanto tiene vibraciones específicas. Sus usos son numerosos, complejos y poderosos.

Los cristales se utilizan principalmente para la curación de la mente y el cuerpo en la Tierra en este momento. Se utilizan en los reinos superiores, y siempre se han utilizado, para la mayoría de los aspectos del trabajo energético. Las propiedades curativas de los cristales eran conocidas y utilizadas en el mundo antiguo.

Hubo varias civilizaciones primitivas que habitaron la Tierra -como los atlantes, los lemurianos, los mayas y los aztecas- y estas civilizaciones avanzadas y antiguas conocían el valor y el poder de los cristales y los utilizaban para amplificar el poder de casi todo: la agricultura, la tecnología, el crecimiento espiritual, el transporte y, por supuesto, la curación. Los cristales también se utilizaban para mejorar sus rituales.

Todo eso se perdió aquí en la Tierra con el tiempo, y el conocimiento del poder de los cristales se ha mantenido oculto para la mayor parte de la sociedad en los tiempos modernos. Eso está cambiando ahora, y quizás pronto el poder de los cristales vuelva a estar en primer plano en nuestro mundo para toda la población.

Cuando sientas el deseo de adentrarte en el mágico mundo de los cristales, como asistir a un taller para conocerlos mejor o comprar unos cuantos, utiliza tu intuición. Elige los que más te atraigan. Como los cristales tienen conciencia, te "hablarán" y, si los "escuchas", te dirán cuáles necesitas. Se trata de seguir tu intuición.

Trabajar con Energía

Todo en la Creación es energía. La energía no puede crearse ni destruirse, pero puede cambiarse, moverse o transformarse, y existe en numerosas formas. A medida que el Buscador recorre el variado y a veces complejo camino de la vida, muchos se sienten atraídos por las antiguas artes curativas como el qigong, el tai chi, el masaje y el Reiki.

Utilizamos energía en nuestra vida cotidiana sin darnos cuenta la mayoría de las veces. Nuestros pensamientos son energía. Cuando pensamos lo mismo una y otra vez, ese pensamiento se vuelve más denso cada vez y, finalmente, se manifiesta en la materia. Así de poderosos somos en realidad. La importancia de nuestros pensamientos es de tal magnitud que creamos nuestra realidad, y a menudo este concepto escapa a nuestra mente consciente.

Tenemos la capacidad y el poder de dar forma a nuestro mundo interior y exterior sólo con nuestros pensamientos. Cuando combinamos ese conocimiento con la intención, nuestra creatividad no tiene límites. Utilizar la intención magnifica nuestros pensamientos, de modo que aquello en lo que nos centramos adquiere más poder. Y así, podemos crear milagros. La meditación es un buen ejemplo, especialmente la meditación en grupo, en la que muchas personas se concentran en un pensamiento.

Lo que es poco conocido o a menudo olvidado es que cuando usamos la vibración del amor más la intención y el enfoque, entonces energéticamente llamamos al mundo del Espíritu.

Cualquier cosa en la que nos enfoquemos con intención amorosa es magnificada diez, cien, mil veces, ¡o incluso más por el Espíritu! Podemos pedirles que se unan a nosotros en nuestro enfoque o simplemente saber que estarán con nosotros.

A menudo el Espíritu nos dice que vigilemos nuestros pensamientos, que seamos conscientes de nuestros pensamientos, debido al poder que sin saberlo tenemos. Los pensamientos también pueden funcionar a la inversa. Cuando nos enfocamos en la negatividad, eso es lo que creamos.

Vivir en la densidad de este mundo puede ser muy difícil, y muchas almas viven con miedo, culpa, vergüenza, ira, ansiedad. Cuando esta energía negativa sale a los éteres, eso es lo que recibimos a cambio. Se llama la Ley de Atracción. Esta es una forma en la que nosotros, como humanidad, contribuimos a la densidad en la que existimos.

Aprender Sobre La Frecuencia Vibratoria

Este tema encaja perfectamente con la Energía. Mientras se navega por el camino hacia la iluminación, a uno se le dice que "mantenga alta su vibración". Eso puede ser desconcertante para un nuevo Buscador. Todos aspiramos a aprender, y puede haber tantos términos y frases nuevas que explorar. ¿Qué tiene que ver la vibración con la frecuencia? ¿Cómo afecta todo esto al discípulo?

Elevar nuestra vibración es esencial para el crecimiento del alma. Nuestro cuerpo está formado por moléculas. La frecuencia es el ritmo al que vibran las moléculas. Las moléculas de nuestro cuerpo oscilan de un lado a otro con una frecuencia determinada. La medida de la velocidad de esta frecuencia se conoce como frecuencia vibratoria. Cuanto mayor es la velocidad de las moléculas que vibran, más alta es nuestra vibración y más Luz somos capaces de retener. De este modo, aumentamos nuestro nivel de conciencia.

Cuando nuestra conciencia aumenta, asimilamos más información, la convertimos en conocimiento y somos capaces de comprender conceptos más complicados. A veces se le llama "ver el panorama completo" o "pensar fuera de la caja".

Cuando mantenemos nuestro cuerpo vibrando a una frecuencia suficientemente alta, podemos avanzar más fácilmente por nuestro camino, evolucionar más fácilmente, aprender más fácilmente las lecciones a las que nos enfrentamos en este viaje nuestro. Cuando la frecuencia vibratoria de nuestro cuerpo es baja, nos sentimos perezosos, irritables, desorientados, y nada parece irnos bien. Por lo tanto, hacer lo que podamos para mantener una vibración alta es imperativo para la felicidad, el crecimiento del alma y nuestra evolución.

He aquí algunas de las muchas formas de elevar nuestra vibración:

Limpia y equilibra los chakras.

Algunos de estos métodos se trataron en una sección anterior.

Muestra, habla o anota tu gratitud.

Tenemos tanto por lo que estar agradecidos, y verbalizarlo o escribirlo nos hace pensar en cuáles son esas cosas, lo que nos hace sentirnos agradecidos.

Canta "OM" tres veces o más.

La recitación continuada del OM nos llena de paz, calma, tranquilidad y serenidad. Cuando recitamos OM, nos acerca a nuestra verdadera naturaleza, a nuestro propio ser puro. OM es el espíritu de Dios, la vibración de la Creación.

Medita.

Esta es una de las formas más poderosas de elevar tu vibración. La meditación aquieta la mente, el cuerpo y las emociones y permite que la comunicación fluya desde el Espíritu.

Controla tus pensamientos.

Esto es muy importante. Cuando tenemos pensamientos positivos, nuestra frecuencia vibratoria se mantiene alta, y cuando enviamos negatividad al universo, eso es lo que recibimos de vuelta. Concéntrate en lo que quieres, no en lo que no quieres.

Sal y conecta con la naturaleza.

Camina descalzo por la tierra si la temperatura lo permite. Aprecia la belleza que te rodea. Conéctate. Mantén la intención al inhalar de inspirar la vibración de la paz. Al exhalar, expulsa cualquier energía negativa.

Evite los medios de comunicación dominantes.

Evita las noticias, evita la violencia, evita la publicidad. Los principales medios de comunicación generan miedo y negatividad, y están bajo el control de las fuerzas oscuras. Nos transmiten como «noticias" exactamente lo que quieren que oigamos y veamos, que no siempre es para nuestro mayor y mejor bien.

Sanar y dejar atrás el pasado.

Perdónate a ti mismo y a los demás. Aprende del pasado, déjalo atrás y sigue adelante.

Despeje su casa y su lugar de trabajo.

El desorden hace que tu energía se disperse; puede provocar irritabilidad y pérdida de concentración.

Rodéate de gente positiva.

Las personas positivas te elevan. Las personas negativas te hunden.

<u>Comparte un abrazo.</u>

Abrazar aumenta los lazos afectivos, relaja el cuerpo, alivia el dolor, aumenta la empatía y la comprensión, alivia la depresión, eleva el estado de ánimo, equilibra el sistema nervioso, alivia el estrés, mejora la salud del corazón y disminuye el ritmo cardíaco.

<u>Come alimentos sanos.</u>

Evita la comida rapida y el alcohol.

<u>Ríete</u>.

Encuentra el humor en una situación. Aprende a reírte de ti mismo y a ser amable contigo mismo.

<u>Ejercicio</u>.

El ejercicio libera endorfinas, que desencadenan una sensación positiva en el cuerpo. Las endorfinas también interactúan con los receptores cerebrales que reducen la percepción del dolor.

Gratitud

Aunque sentir y expresar gratitud es una parte importante del camino hacia la iluminación, a menudo se le resta importancia. La gratitud afecta al cuerpo energético elevando la propia vibración y trabaja de forma asombrosa con la Ley de Atracción, porque lo que sientes y proyectas hacia fuera es lo que volverá a ti energéticamente. Además, cuando estás agradecido, es más probable que fluyan las emociones de gratitud.

La gratitud es una forma de oración, una manera de dar las gracias. En lugar de rezar por algo que quieres, da gracias por lo que ya tienes. Por muy malas que sean las circunstancias, siempre hay algo por lo que estar agradecido. Es importante recordar que cuando la vida parece difícil, puedes ver las dificultades como lecciones que dan sabiduría y luego estar agradecido por la lección y la sabiduría.

Si estás de bajón, te sientes triste o solo, una forma de elevar tu vibración es hacer una lista de todas las cosas de tu vida por las que estás agradecido. Te sorprenderás a ti mismo. Cuando termines la lista, sin duda habrás cambiado de mentalidad.

La gratitud es la música del corazón cuando sus acordes son barridos por la brisa de la bondad.

~ Autor desconocido

Cambios – Confianza – Entrega

Hay fases durante nuestro viaje en las que nos encontramos con situaciones caóticas y desafiantes mientras nos desenterramos del fango que hemos estado experimentando durante siglos. A menudo puede ser un momento de cambio masivo, de liberación de viejas creencias y patrones, un momento de limpieza. Es un gran conflicto entre lo viejo y lo nuevo.

A veces, parece que no avanzamos en nuestro trabajo de elevarnos a nosotros mismos y a los demás, pero eso es una ilusión. Estamos elevando constantemente nuestro nivel de conciencia y el del colectivo a medida que avanzamos hacia nuestro objetivo de ascensión masiva.

Reconocemos el reto, lo afrontamos y luego procesamos los cambios que hemos provocado. No es una tarea fácil, y la batalla es interior, emocional. Silenciosa pero intensa. Por fuera, parece que no pasa nada, pero por dentro pasan muchas cosas.

Procesar los cambios lleva tiempo, a veces días, semanas, meses o incluso años, dependiendo de la gravedad del cambio. Muchos no se dan cuenta de lo que les está ocurriendo, a sus vidas, a sus días y a sus noches. Durante la noche, mientras dormimos, ocurren muchas cosas de las que no somos conscientes. Puede manifestarse en forma de molestias físicas, como pérdida de apetito, dolores de cabeza, malestar estomacal o, tal vez, problemas articulares.

El cambio también afecta a nuestro cuerpo mental. Puede que nos despertemos confusos, sin haber recuperado del todo nuestro cuerpo y preguntándonos qué acaba de ocurrir, o puede que sintamos una enorme tristeza o desesperación sin motivo aparente. Puede que nos despertemos demasiado pronto y nos oigamos a nosotros mismos hablando con algún ser desconocido e invisible, y puede que nos sintamos agotados y no sepamos por qué. Hay tantas formas en que nuestros cuatro cuerpos se ven afectados por nuestras actividades durante el sueño. Ser consciente de ello es de gran ayuda.

Nuestro cuerpo interior está cambiando. Nuestro ADN y nuestras células están cambiando de carbono a cristalino a medida que recibimos más Luz, y esto requiere paciencia, perseverancia y la capacidad de amarnos a nosotros mismos, de no juzgarnos cuando surgen sentimientos y recuerdos que nos incomodan. También hay malestar emocional cuando nos enfrentamos a vidas y recuerdos pasados.

A medida que liberamos viejos patrones y sistemas de creencias, a medida que nos purgamos de todo lo que nos mantiene en las frecuencias y vibraciones más bajas, las cosas pueden parecer caóticas y dolorosas. Esta es una purga necesaria, porque cuanto más liberamos lo viejo, más Luz somos capaces de tomar y mantener, y, a medida que esto ocurre, comenzamos a movernos hacia un estado superior de conciencia.

Antes de asumir el manto de la forma humana, elegimos nuestro camino. Luego nos hicieron olvidar todo lo que sabíamos, y tropezamos por la vida terrenal a veces pensando: *¡Esto es demasiado difícil!* Tenemos el libre albedrío para elegir cualquier línea de tiempo que deseemos, pero eso no siempre nos permite avanzar. Si hay una lección que necesitamos aprender, entonces nuestro Ser Superior pondrá esa situación ante nosotros una y otra vez hasta que finalmente nos demos cuenta y tomemos la decisión de permanecer en el camino.

Cuando dejamos de resistirnos al Espíritu, nuestra vida se suaviza y empieza a fluir con facilidad. Cuando nuestra vibración coincide con la del universo, el resultado es la paz.

Eventualmente, si somos un Buscador serio, nos rendimos a nuestro Poder Superior, entregamos todo lo que no nos sirve bien y recordamos que no somos una víctima. Somos Seres divinos teniendo una experiencia humana.

Estamos aquí para aprender, aquí para trabajar al servicio de los demás, aquí para ayudar a elevar el planeta y la humanidad viviendo en el amor, sintiendo compasión por nuestros semejantes y sabiendo que siempre somos amados y apoyados por una multitud de Seres celestiales, nuestra familia galáctica y nuestro equipo angélico que trabaja con nosotros siempre. Nunca estamos solos.

El Pueblo En La Sombra

Sal, sal, donde quiera que estés. ¿Por qué te escondes en las sombras? Sal y haz brillar tu hermosa y brillante Luz. No puedes crecer en las sombras. Necesitas la Luz. La Luz está ahí para que evoluciones. La Luz es cálida, amorosa y eterna. La Luz es eternidad, tuya para que la tomes. ¿No aprovecharás este maravilloso regalo, el regalo de la vida, el amor, la paz y la armonía?

Muchas almas hermosas se esconden en las sombras. Sienten que hay algo más en la vida, se sienten insatisfechas e inquietas, pero siguen permaneciendo en las sombras por miedo. Tienen miedo de reconocer su divinidad, miedo de salir a la luz y dejar que el mundo vea y sepa quiénes son realmente.

El miedo proviene del ego: miedo al ridículo de sus amigos, familiares, conocidos, vecinos o cualquier otra persona que no esté en el camino espiritual. Lo que estas almas no entienden es que los «amigos» no son realmente amigos si se sientan a juzgar y no respetan la elección de otro, la forma de vida de otro.

Puede ser difícil lidiar con familiares que no están de acuerdo con el camino espiritual, sobre todo si siguen una religión concreta. Una forma de afrontar este reto es pedir que respeten tu elección aunque no estén de acuerdo con ella.

Los conocidos no son más que eso: van y vienen por tu vida, y normalmente su opinión no tiene un gran impacto. Lo mismo puede decirse de los vecinos.

Algunas almas comienzan a seguir el camino de un Buscador, luego se ven atrapadas en la vida cotidiana -tal vez una nueva relación, un nuevo puesto de trabajo, o la pérdida de un empleo, tal vez incluso la muerte de un ser querido- y todas estas circunstancias pueden afectar a la vida de una manera significativa e impactar en el enfoque espiritual del Buscador.

A veces, una experiencia espiritual impulsará a un alma a salir de la tierra de las sombras hacia la Luz, y luego ocurre un cambio en la vida y esa alma vuelve a esconderse por un breve tiempo o tal vez por el resto de la encarnación.

Ocasionalmente, un alma empezará a experimentar las sacudidas del despertar y no se dará cuenta de lo que está ocurriendo. El cuerpo a menudo "intervendrá" y manifestará malestar físico como una forma de decir: "Avanza en tu camino". Esta agitación puede presentarse de diferentes formas y afectar a distintas partes del cuerpo. Hay veces en que la conciencia tridimensional se resiste y se niega a aceptar el impulso del Yo Superior. Esa es una elección que tiene cada alma encarnada, llamada libre albedrío.

Sean valientes, queridas almas, sigan las urgencias del Espíritu. Salgan de las sombras y hagan brillar su hermosa Luz para que todos la vean. ¡Valdrá la pena!

La Matriz

En la comunidad espiritual, las almas que están despertando hablan a menudo de la "matriz". La matriz es una rejilla energética que rodea nuestro planeta fuera de su campo áurico, a unas quince millas (veinticuatro kilómetros) por encima de la tierra.

Hace eones, en nuestra galaxia, eran frecuentes las guerras horribles y catastróficas. Estas guerras se conocían como las Grandes Guerras Galácticas y se prolongaron durante millones de años. Estas guerras causaron la muerte y destrucción de planetas, y se perdieron muchas vidas. Las antiguas civilizaciones que participaron en estas guerras poseían naves estelares del tamaño de pequeños planetas o lunas, y su tecnología estaba muy desarrollada. Durante uno de estos conflictos, dos grandes naves estelares se destruyeron mutuamente mediante una guerra nuclear.

Se bombardearon mutuamente con sus armas de muerte, sufriendo cada una daños mortales. Mientras las naves atravesaban nuestro sistema solar en su agonía, un trozo gigantesco de una de las naves cayó en picado hacia Terah (Tierra, anagrama de Terah), estrellándose contra ella. Su gran cuerpo sufrió importantes traumatismos y la Tierra se tambaleó, se inclinó sobre su eje y corrió el riesgo de salir de su órbita y desviarse hacia el espacio.

Testigos de esta carnicería fueron la Madre Dios, el Reino Angélico e innumerables galácticos. Bajo la dirección de la Madre Dios, el Reino Angélico tomó el control. Colocaron un campo de energía curativa y estabilizadora alrededor de Taré. Esta rejilla energética se conoció más tarde como la matriz.

Hace aproximadamente mil millones de años, Terah cayó bajo el dominio de un grupo de fuerzas oscuras; eran extraterrestres malévolos, codiciosos y ávidos de poder que habitaban varios planetas de la galaxia. Rebautizaron Terah con el nombre de "Tierra" y corrompieron a sus habitantes mediante el abuso, el terror y la injusticia. Los oscuros siguen aquí, aunque su poder ha disminuido enormemente.

La Tierra no iba a quedar en paz. Más destrucción de su gran cuerpo estaba en el horizonte. Hace mucho tiempo, durante las eras Atlante y Lemur, Atlantis fue tomada por los oscuros, que crearon animosidad entre Atlantis y Lemuria. Comenzaron más guerras. El resultado de estas guerras fue la aniquilación casi total de ambas masas de tierra. Hawai, Fiyi y Nueva Zelanda son restos del continente lemuriano. La Atlántida se hundió completamente bajo las olas.

A través del despiadado control de la Tierra por parte de los oscuros, la humanidad cayó de una civilización de quinta dimensión a una de tercera. Cuando esto sucedió, Gaia, la conciencia del planeta, eligió abandonarse con los habitantes tomando forma física humana. El Arcángel Gaia ha encarnado múltiples veces a lo largo de los tiempos, ayudando a la humanidad a elevar su vibración y alcanzar la ascensión masiva. Ahí es donde nos encontramos ahora como civilización.

La caída de la quinta dimensión a la tridimensional fue un resultado directo de los diversos mecanismos utilizados para controlar a la humanidad, algunos de los cuales fueron las guerras (control de la población), la religión (miedo, culpa y supresión de una gran parte de la población), los productos químicos en nuestro aire, alimentos y agua, y muchos más.

La humanidad ha sufrido injusticias y abusos durante millones de años, y esto se ha expresado, y se expresa, en pensamientos, palabras, hechos y emociones. La energía negativa de las masas ha salido a la atmósfera y se ha asentado en el campo energético alrededor del planeta, haciendo que se transforme de energía curativa a energía negativa.

Las almas deciden encarnar aquí en la Tierra con buenas intenciones: vivir una vida amorosa y compasiva, aprender lecciones y evolucionar. Sin embargo, una vez aquí, habiendo tomado el Velo del Olvido, ese viaje se hace mucho más difícil, y muchos pierden el rumbo. Pierden de vista la Luz, se desvían hacia el lado oscuro y se pierden. Sus buenas intenciones también se pierden.

Debido a la influencia abusiva de las fuerzas oscuras, muchos seres humanos se empobrecen, se quedan sin hogar, se vuelven drogadictos y alcohólicos, vuelven al trato inhumano entre ellos y envían sus pensamientos de desesperación, tristeza, desesperanza y angustia a los éteres, que se instalan en el campo de energía que rodea la Tierra, intensificando la negatividad año tras año.

Esto crea una especie de prisión que hace que las almas vuelvan una y otra vez para aprender, crecer, evolucionar y derramar su Luz. Cada vez que un alma se encarna en el planeta Tierra, desea elegir el amor, y algunas lo hacen exactamente; otras caen en las energías del poder, la codicia y la corrupción y muy a menudo no pueden completar su viaje vital según lo planeado.

Una vez que se libera un cuerpo físico y el alma regresa a casa con su familia y amigos galácticos, es consciente de no haber cumplido su contrato. Varias lecciones no fueron aprendidas, y cierto karma no fue completado. El alma se encarna de nuevo para cumplir sus objetivos. Cuando esto ocurre una y otra vez, se convierte en lo que se conoce como la «rueda kármica".

Hay buenas noticias. A través del despertar de gran parte de la humanidad en la última década más o menos, la Luz en este planeta ha aumentado a un nivel que permite a los galácticos intervenir y ayudar. Los oscuros están desorganizados y huyen despavoridos. Todavía crean cierto grado de caos, pero están neutralizados de muchas maneras.

La matriz se está desintegrando gradualmente y está siendo reemplazada con energía sanadora una vez más por las fuerzas de la Luz. Esta transición es un proceso suave y gradual que ocurre a medida que la humanidad continúa alcanzando al Espíritu y elevando su vibración. Pronto este planeta será libre para perseguir su destino, y la humanidad continuará persiguiendo su destino, ¡que es la iluminación espiritual!

Verdad y Discernimiento

Durante mis años de exploración del mundo de la espiritualidad y de todas las facetas de ese viaje, me he dado cuenta de que hay varias versiones de "la verdad". Junto con esas versiones viene la necesidad de discernimiento.

A un alma aspirante en un camino dedicado a la iluminación se le dirá, o leerá, o verá un vídeo en línea sobre un tema en particular, y entonces es responsabilidad del aspirante usar el discernimiento en lo que se ha leído, oído o visto. Puede ser una tarea difícil, pero es necesaria para encontrar la verdad.

Todos somos Buscadores de la verdad que desean más conocimiento, y ese camino puede estar lleno de obstáculos. Utilizar nuestra intuición, escuchar nuestra «voz interior", es la mejor manera de separar los hechos de la ficción, la verdad de la mentira. De ese modo, procedemos del corazón, no de la mente. La clave está en dejar que el corazón mande.

A lo largo de mis años de trabajo con el público, he escuchado a numerosas personas describir sus experiencias, y he aprendido que hay muchas maneras de oír, ver e integrar la información que se nos da. Puesto que todos somos diferentes, nuestros métodos de procesar esta información difieren.

Nosotros, como Trabajadores de la Luz, vamos todos en la misma dirección, pero como las ramas de un árbol, crecemos en varias direcciones. He notado que a cada uno de nosotros se nos pueden dar sueños, visiones o mensajes similares, pero luego podemos llegar a conclusiones diferentes.

A veces, esta información se refiere al futuro; no pretende informarnos de que ocurrirá hoy o mañana. En las dimensiones superiores no existe el tiempo. Mientras habitamos este planeta, funcionamos en tiempo lineal, pero no es así en los reinos superiores.

Los mensajes que llegan en forma de visiones pueden ser en forma de símbolos. Los símbolos son una herramienta utilizada por el Espíritu para hacernos conscientes de una situación, por lo tanto, no siempre podemos interpretar los mensajes literalmente.

Es importante respetar siempre la opinión de los demás, aunque entre en conflicto con la nuestra. No debemos juzgar los sistemas de creencias de los demás ni la forma en que procesan la información.

El Señor Sananda (Jesús) me dio un día un breve mensaje que uso en mi propio trabajo, y es: «Elige el amor". Si nos acostumbramos a elegir el amor en cualquier situación, el juicio y la falta de respeto no pueden existir.

El Camino Al Estrellato

El camino al estrellato pasa por el corazón.

Como almas encarnadas, todos estamos en un viaje: un camino de vida emocionante, desafiante y siempre cambiante. Nuestros viajes son diversos, y experimentamos múltiples emociones mientras navegamos por las diversas experiencias que planeamos antes de encarnar.

Durante la creación de nuestro drama especial, somos conscientes de nuestra obligación de tomar el Velo del Olvido, lo que significa que, para completar nuestro plan, no se nos permite recordar nuestra vida en las estrellas. Si lo recordáramos, nuestro anhelo de volver a casa sería perjudicial para nuestro aprendizaje y crecimiento.

Muchas almas están ansiosas por experimentar una encarnación en este planeta porque es un lugar difícil para vivir; las lecciones y las situaciones son a menudo exigentes y complicadas, lo que puede ser una bendición disfrazada al dar a los encarnados la oportunidad de dar un gran salto adelante en la evolución.

Tenemos al campeón perfecto para apoyarnos a lo largo de nuestro viaje, y ese campeón es nuestro Yo Superior, la parte de nosotros que se quedó atrás, la parte de nosotros que aún existe en las estrellas. Este ser, la parte más grande de nosotros mismos, es nuestro guía a través de esta vida. Ella/él es siempre paciente, siempre tolerante, nunca juzga, y siempre está dispuesta/o a ayudarnos de cualquier forma permitida que no interfiera con nuestro libre albedrío.

Para explicar mejor quién es este gran ser, deseo escribir desde un punto de vista personal. Tengo una encantadora conexión con mi Ser Superior. La conexión es un regalo que me he dado a mí misma a cada momento desde que tomé conciencia de este Ser, y no fue fácil de lograr. Fue un proceso de aprendizaje y me llevó años de trabajo interior confiar en mi Poder Superior y entregarme por completo. Ella era una fuerza dentro de mí que me impulsaba incesantemente hacia adelante, con un empujoncito aquí o allá y, de vez en cuando, un enorme empujón que no podía ignorar.

Para adquirir este don, uno sólo tiene que estar dispuesto y permitir que la mayor parte de ti mismo entre en tu corazón. La confianza es primordial: confía en que tu yo divino sabe lo que es mejor para ti, que supervisa tu viaje y que todo lo que ocurre en el camino está dirigido con amor y precisión.

Cuando se establece esa conexión con el corazón, ¡sucede la magia! Tu vida fluye más suavemente y alcanzas un nivel de comprensión, sabiendo que el amor es la mayor fuerza de la creación. Sigues tu guía y empiezas a confiar en tu propia intuición con más confianza.

Cuando estás dispuesto a crear ese puente entre dos mundos, el espiritual y el físico, abres una puerta a las dimensiones superiores, una puerta a las estrellas, al hogar. ¡Tu hogar está en las estrellas! No eres de aquí; eres de las estrellas, eres un ser galáctico, un ser estelar, y la conexión de tu corazón con tu ser divino es tu camino a casa.

Cuando un discípulo fusiona su conciencia con la de su yo divino, ha «tocado el rostro de Dios". El amor que está presente en esta fusión y conexión ¡es verdaderamente fuera de este mundo!

Alcanzar el Autodominio

Las almas se ofrecen voluntarias para tener una vida en este planeta con alegre anticipación; luego, ocasionalmente, un pequeño número perderá su camino, olvidándose de lo Divino y de la Luz. ¿Qué les ocurre? ¿Por qué se desvían de su plan?

Es fácil elegir el amor en situaciones en las que todo va bien, pero es mucho más difícil cuando hay dolor y sufrimiento. Cuando la gente tiene hambre, no tiene hogar, sufre abusos, está enferma o empobrecida, su atención no se centra en su conexión con el Espíritu, a menos que sea para pedir a Dios que les salve de sus penurias. En algunos casos, pueden incluso negar a Dios. «Dios no existe. ¿Por qué me está pasando esto a mí? Dios, ¿por qué me haces esto?". A menudo se culpa a Dios del sufrimiento, y esto es un gasto inútil de energía; Dios dio a cada alma el don del libre albedrío, y lo que hagamos con ese libre albedrío depende de nosotros.

Somos nosotros los que estamos a cargo del camino de nuestra vida. Nuestro Ser Superior es nuestro guía principal y el director del plan, pero una vez que tomamos forma humana, como alma libre, tenemos la opción del libre albedrío, la opción de decidir lo que queremos hacer mientras estamos en forma humana. Creamos nuestra propia realidad (vida) momento a momento, y generamos nuestros propios dramas utilizando el libre albedrío al tomar cada decisión a lo largo de nuestro día. Sólo nosotros somos responsables de nuestras elecciones vitales.

Es más fácil reprender o atacar a otro por nuestra propia miseria que admitir que somos *nosotros* quienes hemos tomado la decisión. Y, después de hacerlo, a menudo nos quejamos de ello. La autorresponsabilidad queda una vez más en suspenso, y la responsabilidad recae en otra persona.

Muchas grandes organizaciones se aprovechan de la gente porque pueden. Pueden porque nosotros se lo permitimos. Pensemos en los grandes bancos y sus cargos por tarjetas de crédito. Innumerables personas compran cosas porque las quieren, no siempre porque las necesiten. Es muy fácil comprar un artículo cuando no hay dinero en efectivo de por medio y preocuparse de pagarlo más tarde. Cuando llega «más tarde", puede causar mucho estrés, ansiedad y desacuerdos familiares.

Hay ocasiones en las que es necesario un crédito, pero a menudo se trata de un exceso de indulgencia. Nuestro exceso de indulgencia da a los bancos el derecho a cobrar lo que quieran.

A veces, el dolor y el sufrimiento pueden estar causados por nuestras propias debilidades, como la adicción a las drogas, al alcohol y a comer en exceso, que pueden conducir a la mala salud, la separación familiar, la desesperación y la desesperanza. Una vez más, se debe a la falta de poder y contención personales.

Nosotros, como humanos, disfrutamos de nuestra zona de confort y a veces cerramos los ojos a lo que realmente está sucediendo en este planeta, simplemente porque puede ser muy perturbador. No queremos verlo ni creerlo, así que lo ignoramos. Enfrentarse a la verdad sobre la injusticia y el abuso que prevalece en nuestras comunidades y en el mundo puede ser desagradable, por lo que es mucho más fácil ignorar la difícil situación de los demás que hacer algo al respecto. Al ignorarlo, lo permitimos.

Luego está la cuestión de la «aceptación de los demás" y de cómo a veces vemos a los demás como diferentes en nuestra población diversa.

Cuando juzgamos a los demás por lo que visten, por cómo hablan o por las disparidades culturales que evidencian, creamos separación. Nuestra falta de voluntad para aceptar a los demás corrompe nuestra conexión con el Espíritu a través de las emociones de la ira, el miedo, la desconfianza y, en algunas situaciones, el odio y el deseo de venganza. Para algunos, es menos molesto culpar a los demás por ser diferentes (como nosotros lo vemos) y por no aceptar las diferencias que asumir la responsabilidad y admitir la verdad de nuestros propios prejuicios.

En muchos casos, la humanidad se niega a aceptar responsabilidades culpando al gobierno, a los bancos, a la comunidad médica, a los profesores, a la policía, a sus vecinos... a cualquiera menos a sí misma. Ya es hora de que, como colectivo, asumamos la responsabilidad de nuestras propias vidas.

Vinimos a este planeta voluntariamente; nadie nos obligó. Formulamos nuestro propio plan de vida y decidimos qué lecciones queríamos aprender y qué karma necesitábamos limpiar. De vez en cuando, planeamos un viaje lleno de retos para nosotros mismos y, mientras los experimentamos, nos hacemos las víctimas y a menudo culpamos a los demás de nuestros males. Cuando comprendemos y admitimos esto, empezamos a madurar emocional y espiritualmente.

¿Qué significa exactamente «asumir responsabilidades"? ¿Significa ser fuerte en lugar de débil? ¿Qué es la debilidad? ¿Es nuestra debilidad permitir que el ego tome el control de la vida? El ego quiere el control. El ego es sentimientos heridos, autocompasión, ira, frustración. Fortaleza es controlar el ego, asumir la responsabilidad de uno mismo. El acto de ser capaz de manejar el ego es autodominio, dominio de uno mismo.

Yo y sólo yo estoy a cargo de
y responsable de mi
pensamientos, palabras, actos y emociones.
Nadie más.
Se llama autodominio.

El Secreto de la Vida

El secreto de la vida es un misterio sobre el que han reflexionado durante siglos los antiguos y nosotros en el mundo de hoy. ¿Por qué estamos aquí? ¿De dónde venimos? ¿Qué son las almas?

La existencia es un ciclo; un ciclo de nacimiento, vida y muerte.

Algunas personas creen que simplemente «sucedemos" mediante la fusión de un óvulo y un espermatozoide, y listo, se forma un cuerpo y nacemos en el mundo. Esto es parcialmente cierto, pero ¿qué pasa con el alma? ¿De dónde viene y qué es?

Los componentes químicos que forman un cuerpo pueden construirse a partir de muchas fuentes, pero sólo Dios puede crear almas. Las almas son luz, amor y conciencia. La conciencia es la chispa de Dios que llevamos dentro.

Todos comenzamos a partir de la energía de la Fuente, el Uno de todo lo que es. La Fuente es energía pura, un equilibrio igual de energía masculina y femenina, una gran conciencia. No es una forma física. Entonces, ¿cómo experimenta este Primer Creador todo lo que está disponible en Su propia magnífica Creación?

Se subdivide en billones y billones de fragmentos llamados almas (conciencia), y luego envía esas partes de Sí misma a experimentar la vida en todas las formas, en todas las realidades.

Esos fragmentos son las chispas de divinidad que residen dentro de cada uno de nosotros. Todos formamos parte de un todo mayor, todos somos parte del Creador Primigenio, y de ahí viene el dicho "todos somos uno". Todos somos uno. Todo lo que cada alma experimenta durante una vida -todas las situaciones, felices o no- vuelven a la Fuente, y así es como la Conciencia Suprema experimenta la realidad física.

A un alma se le otorga el don del libre albedrío y se le envía a explorar distintas realidades. Cada alma tiene un viaje distinto, un drama particular que explorar, diferentes lecciones que aprender y un karma del que ocuparse. Planifican situaciones que incluyen a otras almas y eligen padres, familia, compañeros y estilos de vida. Hay almas que vinieron con el propósito expreso de ascender, y hay otras que eligen no ascender sino simplemente experimentar la vida en este momento de la asombrosa historia de este hermoso planeta.

Todo es una máscara tras un velo, en el que residen innumerables estados de ánimo.

La máscara es lo que oculta la realidad. Lo que vivimos es una ilusión porque planeamos el drama de nuestra vida y luego tomamos forma humana. Somos actrices y actores representando el plan que formulamos antes de encarnar. El director de nuestro gran plan es nuestro Yo Superior, la parte de nosotros que se quedó para amarnos, guiarnos y apoyarnos a lo largo de la vida.

El velo es el Velo del Olvido que todos estamos obligados a asumir cuando venimos aquí. Es necesario para avanzar en la evolución. Cuando asumimos el manto de la forma humana, la oportunidad de un rápido avance espiritual es grande. A veces se hace referencia a la Tierra como «la escuela de los golpes duros". Es un lugar difícil para vivir debido a la opresión que la humanidad ha soportado durante millones de años.

La opresión se debe a la sociedad patriarcal que fue establecida en este planeta hace unos mil millones de años por una especie de fuera del planeta con fines de poder y codicia. Eso no es del todo malo para nosotros; puede ser una oportunidad para superar el miedo, la culpa, la vergüenza y otras bajas vibraciones alcanzando al Espíritu con amor, ofreciéndonos así a todos la oportunidad de dar un salto adelante en la evolución.

Por último, los "innumerables estados mentales" suelen referirse a nuestro ego. A lo largo de nuestra vida, mantenemos muchos estados mentales diferentes, como la alegría, el amor, la paz, la esperanza, la compasión, el miedo, la duda, la codicia, la culpa, la vergüenza, la ira, el resentimiento y los celos. Aprender a manejar el ego es una parte importante de la vida; es vital para el avance del alma.

Cuando estamos en las vibraciones más bajas, es difícil, si no imposible, conectar con el Espíritu, porque esa conexión requiere amor, y el amor viene del corazón. Las emociones negativas y el amor no pueden ocupar el mismo espacio al mismo tiempo; es imposible.

Los "innumerables estados mentales" también pueden significar una elección de la línea temporal que deseamos seguir. Una línea temporal es un camino que uno elige seguir; está dondequiera que coloquemos nuestra conciencia. Todos hemos recibido el don del libre albedrío, por lo que podemos elegir cualquier camino que se nos presente. Al hacerlo, debemos asumir la responsabilidad de esa elección.

La energía de la Fuente es amor, nosotros somos amor, y cuando elegimos tomar forma física, lo hacemos desde la vibración del amor. Nuestro amor por la humanidad, el planeta y nosotros mismos se origina en el deseo de evolucionar mientras navegamos por el aventurero camino de regreso a la Fuente. El Velo del Olvido nos enseña valiosas lecciones de vida. Es como si realmente lleváramos una máscara y un velo, y los verdaderos orígenes de nuestra vida en las estrellas estuvieran olvidados.

El camino que hemos elegido puede estar plagado de retos que a veces parecen insuperables. Vemos a los demás como diferentes -diferente color de piel, diferentes creencias, diferentes tradiciones- y, a partir de ahí, nos formamos juicios sobre ellos y su forma de vivir.

Las cargas de la vida pueden hacer que nos desviemos de la vibración del amor y elijamos la ira hacia el otro. Es entonces cuando necesitamos perdonarnos a nosotros mismos. A veces, tomamos decisiones de las que nos arrepentimos y luego nos resulta difícil perdonarnos y amarnos a nosotros mismos. Algunas de las lecciones más importantes que aprendemos son el amor propio, el perdón propio y el no juzgarnos a nosotros mismos. Amplíalo al amor, el perdón y el no juzgar a los demás.

Cuando recordamos que nosotros creamos nuestros dramas humanos, cuando dejamos de culpar a los demás de nuestros males y empezamos a responsabilizarnos de nuestra vida, es cuando empezamos a elevar nuestra vibración y nuestra conciencia. Elevar nuestra conciencia nos permite ir un paso más allá y elegir el amor incondicional hacia los demás. Esto significa simplemente aceptar el viaje del otro, aceptando el camino y las elecciones del otro. La aceptación viene de entender que cada alma planea su propio camino de vida.

La conciencia expandida nos ayuda a comprender el panorama general, a pensar fuera de nosotros mismos, a darnos cuenta de que el equilibrio es necesario en todas las cosas. No hay juicio en los reinos superiores; todo es simplemente. No hay bien ni mal. El juicio es un rasgo humano que nos infligimos a nosotros mismos, porque todos somos imágenes especulares unos de otros.

El objetivo es elegir el amor en todas las cosas. El amor es la respuesta en todas las situaciones. El secreto de la vida es el amor.

Qué Ocurre Cuando Morimos

¿Qué ocurre cuando muere nuestro cuerpo físico? Esta pregunta ha sido discutida a lo largo de nuestra historia por muchas personas, y hay una gran variedad de versiones diferentes de ese suceso. Cuando la humanidad no tiene acceso a la verdad, o a través de creencias adquiridas tiene una falsa impresión de por qué estamos aquí y de dónde venimos, la imaginación toma el control y fabrica una respuesta. Lo mismo ocurre con el proceso de transición de este mundo a nuestro verdadero hogar.

Mientras estamos en las dimensiones superiores, antes de tomar forma humana, preparamos nuestro plan de vida, y dentro de ese plan están todas las situaciones y lecciones que nos gustaría experimentar mientras estamos en el cuerpo físico, lo que incluye los detalles en torno a nuestro nacimiento y nuestra muerte física. No hay accidentes ni errores; el plan de vida está guiado con precisión por el Yo Superior.

La única desviación se produce cuando utilizamos nuestro libre albedrío y nos marchamos prematuramente mediante el suicidio. Incluso entonces, no hay juicio de las dimensiones superiores. Es sólo cuestión de volver para repetir el drama, y eso sólo si lo elegimos a nivel del alma. Nuestras almas son eternas; no hay prisa por estar en ningún sitio ni por hacer nada. Tenemos eternidad para completar cualquier encarnación que deseemos.

El nacimiento, la vida y la muerte son procesos, una serie de experiencias y situaciones. Todos estamos aquí para evolucionar de la manera que elijamos, y tenemos el don del libre albedrío para hacer cualquier elección que deseemos a lo largo de nuestras vidas. Debido a las elecciones que hace un alma, puede encontrarse atrapada en patrones de energía negativa que crean obstáculos que el alma no puede superar, lo que hace más difícil avanzar en la evolución.

La vida después de la muerte de cada alma puede ser diferente de la de otra. Hay muchos niveles de conciencia que un alma ocupa durante su vida. Cuando el cuerpo físico muere, el alma va al nivel de vida después de la muerte que ha alcanzado durante la encarnación y, por lo tanto, experimenta esa vida después de la muerte.

Un tipo de vida después de la muerte es la cuarta dimensión, conocida como nirvana. Si la vibración del alma a la muerte del cuerpo físico se encuentra en ese nivel, entonces esa es la vida después de la muerte que el alma experimentará.

El Nirvana es la dimensión en la que un alma puede asistir a templos de sanación y aprendizaje, y de ese modo, puede elevar su vibración al nivel de la quinta dimensión, necesario para existir en los reinos superiores. Ningún alma se queda atrás. Nuestro Ser Superior siempre está ahí para nosotros, y cuando sea el momento adecuado, el alma volverá a casa.

Cuando la aventura ha terminado, cuando se han aprendido las lecciones, se ha resuelto el karma o se ha completado el servicio a los demás, la parte encarnada del alma emprende el viaje de vuelta a casa. Hay momentos en los que el regreso a casa se retrasa, pero nunca se detiene.

Si un alma eligió un plan de vida que fue muy traumático, uno que involucró considerable dolor y tormento, que impacta el cuerpo emocional, mental o físico, o una mezcla de cada uno, ese trauma puede interferir con el regreso directo a casa.

Cuando el "cordón de plata", o vínculo energético, se corta entre el Yo Superior y el discípulo en el momento de la muerte física, el alma puede confundirse y sentirse perdida. Cuando y si esto sucede, el alma es entonces asistida por los angélicos al nirvana para sanar y elevar su vibración para el viaje de vuelta a casa.

El Ser Superior y el humano encarnado son uno y lo mismo, la misma alma en diferentes cuerpos, con el Ser Superior como el poder mayor.

¿Cómo podríamos hacer otra cosa que volver a nuestro propio ser? ¿Qué alma querría que una parte de sí misma vagara por el cosmos, perdida y olvidada? ¿Se olvidaría realmente un alma de una parte de sí misma y seguiría alegremente con sus asuntos sin pensar en su Semilla Estelar? Nuestro Yo Superior es amor y compasión; siempre está con nosotros y nos guía en nuestro viaje por la vida.

Mucha gente ha adquirido la creencia de que la muerte es el final, da miedo y hay que temerla. La verdad es que la muerte no es más que una transición. Un alma puede experimentar sufrimiento y dolor durante su vida -si eso es lo que eligió-, pero la muerte, la transición, es indolora. Es como desprenderse de un viejo abrigo que ya no sirve. No es el final, sino el principio.

Durante la preparación de nuestro plan de vida sagrado, elegimos nuestra salida al igual que elegimos nuestro karma y todas nuestras experiencias durante ese viaje. Somos de las estrellas, y ahí es donde volveremos: a los Mundos Celestiales, al Padre/Madre Dios, a nuestro Yo Superior y a nuestras familias estelares en las dimensiones superiores. Es motivo de celebración, no de miedo. Cuando aceptemos esta verdad, nos liberaremos del miedo.

Nuestras Herramientas

Todos pasamos por momentos estresantes. La vida sucede, y entonces nos desviamos del camino que hemos elegido y a menudo permitimos que el ego asome su audaz cabeza. Aparecen la ansiedad, la culpa, la autoinculpación y el autojuicio, seguidos del miedo, que conduce a la ira hacia alguien o algo. Esos momentos oscuros de desesperación y tristeza hacen que aflore la culpa o el resentimiento y, a menudo, nos castigamos por no ser perfectos.

Creo que esto ocurre más a menudo de lo que nos sentimos cómodos, por lo que me gustaría ofrecer algunas soluciones. La espiritualidad no es complicada; es muy sencilla. Pero puede ser difícil vivir la vida que a todos nos gustaría vivir, que es en las vibraciones del amor, la paz y la felicidad.

No soy inmune a los pequeños viajes por el camino de la melancolía. La mayoría de nosotros experimentamos esos momentos; nos esforzamos por hacerlo lo mejor posible, y entonces, "¡Uy, he vuelto a meter la pata!". Es entonces cuando necesitamos volver a nuestras herramientas, a lo básico, a los rudimentos mismos de la espiritualidad.

Estos métodos para volver a encaminarnos se han tratado en otras partes de este libro, pero creo que tendemos a olvidarnos de ellos, así que aquí están de nuevo:

MEDITACIÓN

La meditación es una de las mejores herramientas de que disponemos, poderosa y gratuita. Sentarse en soledad y silencio permite que fluya la paz y la serenidad. Calma nuestro cuerpo emocional, tranquiliza el alma y, en general, es una buena práctica general.

Hace algún tiempo, después de experimentar un asunto problemático, me aparté de la situación, fui a mi sala de meditación y me senté en silencio y contemplación. Al poco rato, sentí el comienzo de la paz, como si me cubriera una manta suave y cálida. La tensión fue abandonando poco a poco mis hombros y la parte superior de mi espalda, y pronto apareció la claridad y la comprensión del problema. Todo iba bien.

LIMPIEZA DEL AURA

Este es un gran ejercicio para hacer cuando su energía se siente dispersa o simplemente se siente fuera de sí sin razón aparente. Por lo general, significa que su campo áurico está "revuelto" (quizás estuvo de compras con mucha gente y se contagió del estrés de los demás). Este es un buen momento para llamar al Arcángel Metatrón y pedirle que limpie su campo áurico. Él siempre está dispuesto, disponible y ¡es muy bueno en eso! Creo que es apropiado darle las gracias cuando haya completado el proceso.

LIMPIEZA DE CHAKRAS

A veces nos olvidamos de estas maravillosas bobinas de energía dentro de nuestro cuerpo que necesitan mantenimiento de vez en cuando. Hay varias maneras de hacerlo. Ninguna es incorrecta; todas son eficaces y necesarias de forma regular. He aquí algunas formas de limpiar tus chakras:

- Entra en una habitación tranquila, de pie o sentado, y mantén la intención de limpiar y equilibrar estas energías vitales. Conéctate con el Espíritu pidiéndole que se una a ti y luego visualiza un rayo de luz blanca que desciende desde arriba, llega a tu coronilla y desciende lentamente por tu cuerpo hacia cada chakra, mientras mantienes tu intención.
- Conecta con tu Ser Superior y pídele que te ayude a limpiar cada chakra.

- Si el tiempo lo permite, ponte al aire libre al amanecer o al atardecer e imagina que la luz del sol recorre tu cuerpo, limpiando, limpiando y reponiendo cada chakra.

CORTAR EL CABLE

Esto puedes hacerlo tú mismo usando tu intención, pero a mí siempre me gusta invocar al Espíritu. Me hace sentir bien. Llamo al Arcángel Miguel para que me ayude con esto. Él utiliza su Espada de la Verdad para cortar las cuerdas que pueden estar drenando la energía vital del cuerpo.

A veces, cuando estamos rodeados de otras personas -familiares, amigos o desconocidos-, envían inconscientemente cuerdas energéticas que a menudo se quedan pegadas. Normalmente no somos conscientes de ello y a menudo nos preguntamos qué es lo que nos hace sentir tan deprimidos. Ese desvío de nuestra energía puede causar irritabilidad y otras emociones negativas.

MANTRAS

Los mantras son estupendos para aumentar nuestra energía, y hay muchos maravillosos entre los que elegir. Recitar estas poderosas palabras provoca la expansión de la mente y el corazón. En numerología, el número tres representa la armonía Trinidad-mente-cuerpo-espíritu-así que es bueno repetir los mantras al menos tres veces. He citado algunos, pero hay muchos otros.

- Yo soy la Luz.
  Yo Soy el Amor.
  Yo Soy la Verdad.
  Yo soy.
- Canta OM en voz alta o en silencio en tu interior. OM es la vibración cósmica de Dios dentro de la Creación. Es el mantra de la eternidad, un canto sanador. Puedes encontrar ejemplos de cómo cantar OM en Internet.
- Decir y conocer esta verdad puede ayudarnos a darnos cuenta de que, sin duda, somos dueños de nuestro propio destino:

  Yo y sólo yo estoy a cargo de
  y responsable de mi
  pensamientos, palabras, actos y emociones.
  Nadie más.
  Se llama autodominio.

CONECTAR CON SU YO SUPERIOR

Esta es la última, pero no la menos importante. Conectar con tu Ser Superior es inmensamente importante. Cuando hay algún problema con un alma encarnada, o incluso si no hay ningún problema, conectar con tu Ser Superior es fundamental y crucial para tu evolución y para el viaje que has elegido.

Considero esa conexión como mi línea vital, mi "todo", y lo es. Un discípulo puede conectar con su Yo Superior y hablar con él, hacer preguntas y pedir ayuda u orientación en cualquier momento, de día o de noche. Las respuestas no siempre llegan al instante; todo depende de cuál sea el acuerdo del alma, pero la conexión sigue siendo de gran importancia.

Volver a lo básico puede parecer poco importante, y algunas personas pueden sentir que han avanzado más allá de lo básico, pero todo es cuestión de elección. Si estos recordatorios sirven de ayuda a una sola alma, habré logrado lo que me había propuesto.

El Panorama General

«La visión de conjunto" significa ser capaz de mirar más allá de lo obvio; significa dar un paso atrás y ver la situación desde un punto de vista objetivo. Los detalles de las circunstancias son importantes, pero cuando la atención se centra en los detalles y no en el resultado final, entonces el objetivo se vuelve confuso.

La humanidad está en la cúspide de un Nuevo Amanecer, una Nueva Era, un nuevo todo. El mundo que nos rodea está en constante cambio, ya que así es la Creación, siempre cambiante a través del nacimiento, el crecimiento y la muerte, ya se trate de seres humanos, plantas, animales, planetas, soles o la Creación misma.

Nuestro planeta está completando un ciclo, también conocido como edad. Un ciclo astrológico completo dura aproximadamente 26.000 años y contiene doce edades. La última de estas edades la conocemos como la Era de Piscis, que duró aproximadamente del 0 al 2000 d.C.

Se habla de la Era de Piscis como una estructura vertical de jerarquía y poder, donde los controladores de la humanidad se sientan en la cima y luego los niveles se mueven hacia abajo hasta llegar a los menos afortunados: los desamparados, los pobres y los maltratados. Y eso es lo que ha sido la situación en Terah durante millones de años bajo una sociedad patriarcal.

Estamos entrando lentamente en una Nueva Era, la Era de Acuario, que durará aproximadamente otros 2.000 años: 2000-4000 DC. Todos los años son aproximados, y se solapan un poco.

La Nueva Era gira en torno a la información, la tecnología, las redes, el conocimiento y el aumento de la conciencia colectiva. Es más uniforme, equilibrada, igualitaria y horizontal que la Era de Piscis. Es una era de revelación, que revela lo que se ha mantenido oculto. Ya nada es secreto, toda la información está disponible, y todo se está abriendo y derrumbando. Los viejos paradigmas pronto desaparecerán, anunciando la novedad que se vislumbra en el horizonte.

El final de un ciclo astrológico es un momento muy poderoso para un planeta. Gaia eligió completar Su ciclo mediante la transición de la tercera dimensión a la quinta dimensión, conocida como Ascensión. Cuando esto sucede, un planeta pasará por una gran limpieza y limpieza, como una desintoxicación.

Un planeta suele limpiarse a través de cataclismos, cambios geofísicos que afectan a los océanos, la tierra y el aire. Cuando termina la limpieza, suele quedar muy poco del viejo mundo, dejando paso a un nuevo y fresco comienzo. Gaia optó por un método diferente de limpieza, un método más amable y gentil, domesticando los fenómenos geofísicos como terremotos, tifones y tsunamis. Decidió ascender con sus habitantes por el gran amor que siente por todos los seres que viven aquí.

De esta manera, la humanidad también podría desempeñar un papel en el proceso de ascensión elevando su propia vibración al nivel de ascensión de la quinta dimensión, lo que a su vez eleva la vibración de Gaia, ayudando en su proceso de limpieza. Si Gaia hubiera pasado por la limpieza planetaria habitual, la humanidad y los diversos reinos sobre su cuerpo habrían soportado mucho sufrimiento, y habría habido una tremenda destrucción en todo el mundo.

Hay un solapamiento temporal cuando una era termina y un planeta pasa a la siguiente, por lo que estamos experimentando las energías de dos eras diferentes. Este solapamiento de energías diferentes crea confusión, desorden y malestar global en un planeta, que puede prolongarse durante muchos años.

Nosotros, como planeta y como especie, estamos experimentando cambios masivos a medida que avanzamos hacia la Nueva Era de Acuario, y esos cambios pueden ser y son muy difíciles de vivir para muchos. Tenemos opciones: podemos vivir en la luz y el amor, sobrellevarlo, celebrar nuestras victorias y aprovechar la oportunidad para crecer, o podemos sentirnos negativos.

Hay quienes se sienten víctimas. Aquí nadie es una víctima porque somos responsables de la situación actual. Deseábamos el cambio, y el cambio se está produciendo. Los propios cimientos de nuestra sociedad se construyeron sobre una base débil que ya no puede sostenerse por sí misma.

Nuestra sociedad debe someterse a una amplia transformación, y eso requiere un cambio monumental y es una tarea larga y complicada. La transformación es un proceso doloroso, a veces desordenado, y seguirá siéndolo hasta que se complete. Asociaciones e instituciones como las financieras, religiosas, industriales, médicas, farmacéuticas, agrícolas, educativas y otras, todas necesitan ser reformadas.

Durante este tiempo de transformación y cambio masivo, la tarea de la humanidad es trabajar dentro de los parámetros de la paz, la calma, la aceptación y la unidad, en lugar de juzgar y separar, y salir del corazón en pensamientos, palabras y acciones.

Tenemos la opción de reflexionar sobre nuestras vidas, la forma en que vemos a los demás y la forma en que nos vemos a nosotros mismos. Es un momento para pensar en la forma en que vivimos y en cómo podemos cambiar lo que ya no nos sirve. Es el momento de recordar que hemos venido aquí para formar parte de la ascensión como colectivo, y eso requiere generar una mentalidad de unidad para todos. Es el momento de pensar en lo que es importante en la vida y en cómo queremos que sea nuestro nuevo mundo. El momento es ahora.

Los Tres Estados De Ánimo

Los seres humanos tienen dentro de su cuerpo físico tres estados mentales: la mente superconsciente, la mente consciente y la mente subconsciente.

La mente superconsciente es nuestro Yo Superior, que tiene acceso a nuestra mente consciente y a nuestra mente subconsciente. Para las almas encarnadas, el camino de la mente consciente al superconsciente sólo es accesible a través del corazón, del amor y del deseo de establecer esa conexión.

La mente consciente es como un ordenador. Es tan inteligente como los datos (la información) que tiene programados. Nuestra mente consciente tiene acceso al superconsciente, pero no tiene *pleno* acceso al subconsciente.

Existe una relación entre la mente consciente y la subconsciente. El subconsciente puede expresarse a través de la mente consciente, pero eso es sólo la superficie. Hay áreas muy, muy profundas del subconsciente que la mente consciente no está preparada para contemplar, y el Yo Superior *debe* estar presente para que eso ocurra.

Tenemos herramientas disponibles que se pueden utilizar para lograr este acceso, algunas de las cuales son la hipnosis y diversas técnicas de curación como el tapping o Reiki. Si el Ser Superior considera que es el momento adecuado y si está en el acuerdo de nuestra alma para ese acceso, entonces él/ella lo permitirá.

La mente subconsciente es un almacén de información. La mente subconsciente no tiene acceso a la mente consciente ni a la superconsciente. Almacenada en la mente subconsciente se encuentra la verdad, la verdad de lo que realmente somos: seres galácticos con un manto humano.

También están almacenados en el subconsciente nuestros recuerdos del hogar, recuerdos de dónde venimos realmente, recuerdos de vidas pasadas y todas las realidades que hemos experimentado en nuestros diversos viajes a través de incontables vidas.

Cuando experimentamos un trauma o negatividad a lo largo de la vida y el dolor es grande, lo escondemos en el subconsciente porque duele demasiado como para mantenerlo en nuestra mente consciente, donde podemos acceder a él fácilmente en cualquier momento. Y ahí se queda, profundamente enterrado, esperando a ser liberado.

La mente subconsciente también es utilizada por la superconsciencia para almacenar información, donde también se asienta y espera el momento adecuado para ser presentada por el Yo Superior y utilizada. Cuando estemos listos, él/ella presentará esa información a la mente consciente para que la utilicemos. Nuestros caminos son guiados con precisión, y nunca se cometen errores; nuestro Ser Superior es el director divino de nuestro gran drama de la vida planificado de antemano.

Nuestro Ser Superior también vigila y espera el momento oportuno para permitirnos limpiar cualquier herida profundamente arraigada y enterrada y la negatividad de traumas de vidas presentes o pasadas que estén almacenados en el subconsciente. Cuando hayamos alcanzado una fase particular del camino de nuestra vida determinada por el Ser Superior, él/ella traerá esa energía negativa para que sea limpiada, y él/ella nos ayudará en ese proceso.

Los recuerdos de vidas pasadas que enterramos se almacenan en las células de nuestro cuerpo para que trabajemos con ellos en el presente, guiados por el Yo Superior. Es como el karma; si ha ocurrido aquí en el pasado o en el presente, entonces debe ser tratado aquí. No puede ser limpiado en ninguna otra realidad. Es nuestra propia energía kármica, que generamos con el Ser. Como no podemos acceder a nuestra mente subconsciente, necesitamos al Yo Superior. Esta no es la única razón para conectar con nuestro poder superior, pero es una parte muy importante de nuestra evolución hacerlo.

Limpiar la energía negativa almacenada es una elección del alma. No hay juicios ni prisas por hacer nada;

todo lo que tenemos que hacer es *ser*. Cada alma tiene un camino diferente en cada encarnación, y no hay requisitos. Todos tenemos el don del libre albedrío. Puesto que somos seres eternos y tenemos la eternidad para trabajar en nuestro progreso espiritual, somos libres de evolucionar como elijamos.

Intercambio Cósmico

La mayoría de las almas en Terah están aquí para aprender, expandir su conciencia y equilibrar el karma. Ocasionalmente, cualquiera de esas tres opciones puede entrañar dificultades, y no siempre es tarea fácil avanzar en la evolución.

Hay un término que se utiliza a menudo llamado "intercambio cósmico". Me encantan esas palabras; ¡creo que tienen un poderoso impacto! He aprendido por experiencia que una encarnación puede ser a veces compleja y rocambolesca; también puede ser maravillosamente gratificante.

La clave es descubrir el camino del cosmos, determinar cómo funciona todo en las dimensiones superiores, y ese descubrimiento puede tomar una variedad de caminos intrincados que todos tenemos que aprender a navegar. Merece la pena, porque a lo largo del camino podemos dar enormes saltos hacia adelante en la conciencia y sentir la alegría de completar una tarea que nos hemos propuesto.

Cada uno de nosotros tiene la oportunidad de salir victorioso y celebrar esas victorias. Todo depende de nuestra dedicación y determinación. El camino hacia la conciencia superior implica un extenso trabajo interior, y eso significa ir hacia dentro y limpiar todo el equipaje que hemos acumulado a lo largo del tiempo, así como solidificar nuestra conexión energética con el Espíritu.

En ocasiones, ese equipaje puede estar oculto en lo más profundo de nuestra mente subconsciente, y es entonces cuando necesitamos la ayuda de nuestro Ser Superior para liberar y limpiar todo aquello que ya no nos sirve. A veces no somos conscientes de la carga extra que llevamos, y a veces somos conscientes de ella y simplemente la ignoramos. Esas cargas pueden mantenernos alejados de las maravillas y la magia del excitante y místico mundo de una semilla estelar.

Nuestra tarea como discípulos también implica deshacernos de creencias anticuadas y actitudes negativas que hemos adquirido al vivir en esta densidad. Una de las principales razones por las que elegimos este planeta es por los numerosos retos a los que nos enfrentamos constantemente. Una buena manera de afrontar y gestionar los retos es ser conscientes de nuestros pensamientos, palabras y acciones; viviendo diariamente en nuestro "ahora".

Cuando nos tomamos el tiempo y hacemos el esfuerzo de trabajar hacia nuestro propio avance evolutivo, a menudo experimentamos un sentimiento de alegría, un sentimiento de logro de un "trabajo bien hecho", un sentimiento y un conocimiento de que hemos trabajado duro y alcanzado el resultado deseado, que la mayoría de las veces es un aumento de conciencia. Nos lo hemos ganado y ¡eso es motivo de celebración!

El Anillo No Pasa

Aquellas almas en el camino espiritual de la búsqueda consciente de lo vasto desconocido, también conocido como lo metafísico y lo paranormal, se esfuerzan constantemente por alcanzar el crecimiento espiritual. Hay lecciones que aprender a lo largo del camino que son necesarias para que se produzca el crecimiento.

Las lecciones no siempre son fáciles, y eso puede deberse a una fuerza en nuestras vidas llamada el "ring pass not". Todos tenemos un ring pass not, que está ahí para asegurar que aprendamos y experimentemos todo lo que está incluido en nuestro plan de vida, todo lo que elegimos aprender y experimentar antes de poder avanzar a un nivel superior de conciencia. Todas esas situaciones están dirigidas por nuestro Ser Superior, y no se puede perder ningún paso.

Tanto la encarnación como la evolución son un proceso paso a paso, y para proceder al siguiente paso, ciclo o fase, primero debemos completar el que estamos ocupando actualmente.

Es similar a una habitación, un área o un campo que no se puede atravesar hasta que hayamos superado o aprendido todo lo que hay en la habitación. Cuando eso se logra, se nos permite abrir una nueva puerta y explorar una nueva habitación, luego otra, y otra. Todos tenemos limitaciones autoimpuestas, como viejas creencias, actitudes, miedos, ego, falta de confianza y traumas de vidas pasadas que pueden frenarnos, y a menudo lo hacen.

No podemos ganarnos el derecho a obtener más experiencias hasta que hayamos liberado y superado las limitaciones en nuestro círculo, anillo o área actual. El karma juega un papel importante en nuestro paso de anillo no, y si nuestro acuerdo de alma era equilibrar dicho karma, entonces eso es lo que debemos hacer. Si elegimos la verdad, la compasión, el amor y la aceptación en cada situación que encontramos, entonces nuestro viaje se vuelve mucho más suave.

Cada alma tiene su propio viaje y lecciones, por lo que el anillo de cada uno no pasa, es diferente. Existir en un planeta de dualidad supone un mayor esfuerzo para alcanzar los objetivos que nos hemos propuesto en la vida, pero merece la pena.

Nuestro Cuerpo Cristalino

¿Crearía la Diosa Madre un nuevo humano, un cuerpo humano perfecto, con la predisposición para una rápida iluminación espiritual y luego simplemente permitiría que ese cuerpo perfecto se *corrompiera genéticamente*? La respuesta es no, Ella no permitiría que eso sucediera. Todo lo que está sucediendo, ha sucedido y sucederá es por plan divino. Había un sistema de respaldo incorporado, y ese respaldo es el cuerpo cristalino. La implementación del sistema de respaldo está bajo la guía de la Diosa Madre, el Arcángel Gaia, el Ser que es la conciencia de nuestro planeta.

La situación en este planeta con respecto a la pandemia global y la consiguiente vacuna se conocía desde hace mucho tiempo en las dimensiones superiores. Nosotros, como almas, sabíamos lo que nos esperaba en el futuro antes de elegir venir aquí. Debido a la necesidad del Velo del Olvido, lo hemos olvidado, pero muchos están tomando conciencia y despertando a la verdad.

El propósito de la manipulación de un virus perfectamente normal dentro del cuerpo humano era tener una excusa para crear una "cura" en forma de vacuna. El propósito de la vacuna era matar a una parte de la humanidad para controlar la población y *corromper genéticamente el ADN* de aquellos que sobrevivieran al veneno de la vacuna. Por voluntad divina, no se permitió que esto sucediera.

La gravedad de la vacuna ha sido modificada para que no pueda causar el daño que pretendían inicialmente quienes la crearon. La corrupción del virus y la creación de una vacuna que se impuso a la humanidad ha provocado que muchas almas abandonen el planeta. Las más afectadas eran las que tenían problemas de salud subyacentes, y su transición fue una elección del alma.

Así se desarrolló el plan de apoyo:

Todo comenzó en el momento en que el gran plan vio la luz, hace eones. Pero para este escrito, empezaré a principios del siglo XX. Fue entonces cuando Gaia lanzó su llamada de auxilio porque este planeta y la humanidad estaban al borde de la destrucción debido a los abusos que se produjeron durante millones de años al propio planeta y a la humanidad.

El Arcángel Gaia ha encarnado muchas veces durante millones de años, trabajando para elevar la vibración de la Tierra. Como alma de las dimensiones superiores, tiene libre albedrío, como cualquier alma. Usando su libre albedrío, ha elegido convertirse en habitante de la Tierra para trabajar codo con codo con la humanidad hacia el objetivo común de la liberación completa de las fuerzas oscuras.

A través de sus muchas encarnaciones, el Arcángel Gaia ha anclado las energías de la diosa en el corazón mismo del planeta, y esas energías de amor han abarcado e infundido el planeta Tierra, creando un gran cambio, y continuarán haciéndolo.

Innumerables almas respondieron a la llamada de ayuda del Arcángel Gaia encarnando como Semillas Estelares en numerosas ocasiones, y para estas almas, era y es una situación en la que todos ganan. Funciona en dos sentidos. Nosotros, como Semillas Estelares, ayudamos a elevar la energía de Gaia, y al hacerlo, somos capaces de lograr un gran progreso en la evolución.

Cuando se creó el nuevo ser humano, había códigos de activación incorporados en nuestro ADN como parte principal del plan de respaldo. Estos códigos cruciales se están activando en el momento preciso, y es un proceso continuo. Todavía estamos recibiendo algunos de esos códigos de activación en este momento. Son importantes porque esas activaciones son en gran parte responsables de la gran cantidad de personas que están en el proceso de "despertar" ahora, despertando a la verdad de quiénes somos realmente y de dónde venimos.

A medida que evolucionamos y elevamos nuestro nivel de conciencia, nuestro ADN cambia de carbono a cristalino. *El cuerpo cristalino es impermeable a la corrupción genética.* Nosotros, en verdad, somos dueños de nuestro propio destino; tenemos el libre albedrío de cambiar nuestro ADN a través de nuestro deseo y voluntad de conectarnos con el Espíritu. Al alcanzar y hacer esa conexión energética, elevamos nuestra vibración, aumentando así la Luz dentro de nosotros.

La Luz es lo cristalino. Cuanta más Luz abracemos y sostengamos, más cambiará nuestro ADN para convertirse en cristalino. La Luz es inmune a las enfermedades, a los productos químicos nocivos en el aire, los alimentos, el agua y cualquier otra cosa en nuestro entorno que pueda corromper nuestro ADN.

También nos han ayudado los de las dimensiones superiores: la divinidad, la Federación Galáctica de Mundos y el reino angélico. Hemos recibido ayuda de lo divino en forma de enormes afluencias de energía del gran sol central, Alcyone, que se filtra a través de nuestro propio sol, Sol, y luego se envía a nosotros como llamaradas solares. También estamos recibiendo energía fotónica del Cinturón de Fotones y energía Porlana C de la Federación Galáctica de Mundos, así como guía y apoyo de ellos y del reino angélico. Esto es sólo un resumen de la gran cantidad de ayuda que realmente recibimos.

A principios de los años veinte, millones de almas decidieron venir aquí para ayudar a Gaia. Se les conocía como los niños índigo por su distintiva aura índigo, que corresponde al sexto chakra, el chakra de la intuición, la visión, la claridad, la verdad y el de un defensor espiritual.

Esta época se llamó los locos años veinte. Fue más o menos cuando terminó la primera guerra mundial, y la gente estaba preparada para algo nuevo, algo emocionante, algo diferente. En el inconsciente, sabían que era una época especial y se dieron cuenta de que se necesitaba un cambio. La mayoría no lo supo conscientemente hasta casi un siglo después. En la actualidad. Todavía hay niños índigo vivos, y continúan su esfuerzo hacia la liberación. Eran, y son, conocidos como los Abridores del Camino, despejando el camino para aquellos que encarnaron después de ellos.

Los siguientes en emerger fueron los niños del arco iris, que llegaron en la década de 1950. Llegaron con un sistema de chakras actualizado y alineado con todas las frecuencias de luz, todos los colores del arco iris (de ahí lo de "niños arco iris"). Son los que cambian las reglas del juego, los inconformistas, los que normalmente no siguen el status quo; preparan su propio camino. En los años 60, se les conocía como los "niños de las flores" o "hippies". Son idealistas y defensores del amor y la paz. Llegaron a ser conocidos como "los fundadores del cambio", pregonando sus propias reglas y forjando nuevos caminos para los que les seguirían.

A principios del nuevo milenio (principios de la década de 2000), los niños de cristal llegaron y nos agraciaron con su dulzura, sus formas amorosas y su intenso deseo de paz. Llegaron con el propósito de hacer de este mundo un lugar mejor. Son los pacificadores; son muy espirituales y están aquí para traer amor, luz y alegría a los que les rodean.

Cada nuevo grupo de almas ha traído consigo muchos dones espirituales y ha dejado su propia huella en el planeta y en los demás. A medida que el discípulo encarnado trabaja para avanzar en la evolución a través del amor y el deseo de paz, contribuyen y apoyan el avance del cuerpo cristalino.

El grupo que encarnará a continuación se denomina los niños diamante, llamados así por los atributos con los que vendrán. Tendrán la fuerza y la resistencia para mantener la consistencia de la Verdad. El mundo necesitará a los niños diamante, porque ellos serán los que podrán sostener todo lo que muchos lograron antes que ellos. Solidificarán los cambios que se avecinan, y brillarán y resplandecerán tanto como el diamante que les da nombre.

Karma

Karma es una de las palabras, y una de las situaciones, más incomprendidas que los discípulos encuentran en su viaje espiritual.

No hay karma "bueno" o "malo". El karma es simplemente una acción. Es una energía generada por la acción del libre albedrío a través de pensamientos, palabras o actos.

Es un ejemplo perfecto de la Ley Universal de Causa y Efecto. La acción (la causa) crea las consecuencias (el efecto).

Todos somos responsables de nuestros pensamientos, palabras y actos; nadie más.

Nuestras almas son eternas y cada una de ellas ha experimentado numerosas encarnaciones. Durante esas encarnaciones, todos creamos energía positiva y negativa, que a menudo queda inconclusa en nuestra transición de regreso a los reinos superiores. Esta energía inacabada se conoce como karma.

¿Tiene que estar equilibrado el karma? La respuesta es no. Nadie tiene la obligación de equilibrar el karma; es una elección del alma. La otra cara de la afirmación es que la energía negativa que se crea y se deja inacabada, desequilibrada o sin limpiar obstaculizará nuestro progreso evolutivo. Conocer esta verdad suele impulsar al aspirante a equilibrar la energía pasada o presente.

Cuando se ha creado una energía en un planeta concreto, debe equilibrarse en ese planeta. No puede equilibrarse en otro planeta o en las dimensiones superiores.

Muchas almas han elegido completar todo el karma pasado y presente en esta vida durante el proceso de ascensión masiva de Gaia y la humanidad porque un alma no puede ascender con karma inacabado. Ascensión en lo físico significa alcanzar un nivel de conciencia de quinta dimensión, y un alma no puede llegar a ese nivel de conciencia mientras se aferra a un karma inacabado.

La decisión de equilibrar o no el karma está incluida en el plan de vida terrestre. Después de encarnar, el proceso es dirigido por el Yo Superior y llevado a cabo por el discípulo. Todas las experiencias de vida pasadas y presentes fomentan la ascensión, lo que significa que estas experiencias se suman y permiten al aspirante alcanzar la ascensión.

No es un proceso complicado; sin embargo, puede ser, y muy a menudo lo es, difícil. Para equilibrar el karma, uno debe tener el deseo de hacerlo y luego seguir adelante con un corazón puro. Se trata de amor propio, autoperdón, amor y de perdonar a otra alma y aceptar el camino de esa alma.

La Kundalini

La kundalini es un equilibrio a partes iguales de las energías divina femenina y divina masculina. Existe un gran misterio y curiosidad en torno a esta fuerza energética debido al poder que contiene. Es la fuerza vital por excelencia.

Kundalini, en sánscrito, significa "enroscada" y suele representarse como la figura de una serpiente. Es una energía latente situada en la base de la columna vertebral de todos los seres humanos y permanece latente hasta que llega el momento de despertar, un momento que determina el Yo Superior.

Cuando se activa, la kundalini fluye u ondula desde la base de la columna vertebral en un movimiento similar al de una serpiente en una trayectoria ascendente hacia el chakra de la coronilla. A medida que la energía kundalini se desplaza hacia arriba, recorre todos los chakras, dándoles a cada uno de ellos una mejora, que hace que se estabilicen y sean más eficientes. Cuando los chakras funcionan de forma más eficiente, el dolor y la enfermedad disminuyen, lo que da al aspirante más libertad para perseguir el mundo metafísico, y eso puede dar lugar a la expansión de la conciencia.

El Ser Superior dirigirá a su aspirante como mejor le parezca. La guía estará ahí para cada uno que esté trabajando activamente hacia la conciencia espiritual. Como en todo trabajo espiritual, la tarea del Buscador es sintonizar con la guía que está tan fácilmente disponible.

Cuando se desarrolla la curiosidad por la kundalini, esto significa que ya está activada y lista para iniciar el paso ascendente a través del cuerpo. Se elevará a través del despliegue natural del avance de la conciencia. La meditación, la conexión con el Espíritu y otras prácticas espirituales, como el yoga y el canto de mantras, ayudarán al flujo de energía. El ascenso de la kundalini puede durar varias vidas o sólo una, dependiendo de la decisión del alma.

Hay almas que desean forzar la activación y el movimiento ascendente a través de medios artificiales. Aunque esto puede tener éxito en algunas situaciones, no es recomendado por aquellos en las dimensiones superiores. Si la activación es forzada a través de medios artificiales, no necesariamente permanecerá elevada debido al nivel de conciencia que está presente en el discípulo en el momento del método antinatural o artificial utilizado.

Si es inducida, sólo se elevará por debajo del chakra del corazón, permaneciendo normalmente en la zona de la raíz. Esto se debe a que el forzamiento de la kundalini es instigado por las fuerzas oscuras, y si un aspirante a Buscador toma ese camino, entonces debe haber curación y trabajo interior llevado a cabo para corregir el paso en falso.

El objetivo del ascenso de la kundalini es alcanzar el chakra coronario. Una vez allí, se produce una fusión entre estas dos poderosas fuerzas, y algo nace dentro del individuo, como el nacimiento de un niño. Es parecido a un nuevo ser que nace en el interior.

Cuando la kundalini alcanza la coronilla, sigue ascendiendo y, en última instancia, conecta a uno con su divinidad. Una vez que la kundalini está activa y ha ascendido hasta la coronilla, permanece activa en todo el cuerpo físico, circulando hacia arriba y hacia abajo a través de los chakras y el campo áurico si el discípulo continúa siguiendo el Camino hacia la Iluminación.

La hermosa y profunda acción del despertar de la kundalini tiene diversos efectos en los cuatro cuerpos, que incluyen una mayor creatividad, un nivel superior de conciencia y una mayor conexión con el universo y la conciencia cósmica. El potencial de avance espiritual es enorme, razón por la que tantos discípulos se interesan por la kundalini.

Densidad y Dimensiones

Estos dos términos pueden causar confusión en la comunidad espiritual. A menudo se utilizan como sinónimos, aunque hay una diferencia. No son lo mismo. La explicación breve es la siguiente:

- Densidad: frecuencia de vibración de la materia
- Dimensión-un nivel de concienciación

El universo, multiverso u omniverso alberga en su interior innumerables dimensiones, y dentro de cada dimensión hay trece capas o densidades. Cada densidad vibra a una frecuencia diferente, lo que significa una velocidad diferente. La creación es energía. Todo lo que existe es energía. La energía es eterna; puede cambiar de forma, pero nunca dejará de existir.

DENSIDAD

Las formas de vida más básicas son el agua y los minerales. Tienen conciencia, y la materia que las compone vibra en la primera frecuencia, por lo que se las conoce como la primera densidad.

Los reinos vegetal y animal operan desde la segunda densidad, lo que significa que su composición molecular vibra en el nivel dos de frecuencia. Ellos también tienen conciencia, aunque no poseen un ego, una conciencia de sí mismos.

Los siguientes en la escala evolutiva son los de la tercera densidad, que poseen autoconciencia conocida como ego. Esta es la densidad en la que comienzan los humanos. Los de tercera densidad tienen autoconciencia, pueden recordar el pasado, son conscientes del futuro y pueden sentir la separación. Hay más densidades, pero en este escrito nos centraremos en la primera, segunda y tercera.

DIMENSIONES

Una dimensión es un nivel de conciencia. No es un lugar al que ir físicamente; es un estado de conciencia. Una vez oí describirlo de esta manera: "Las dimensiones son la lente a través de la cual percibes la realidad, o la forma en que defines tu realidad".

La confusión surge porque podemos estar en la misma densidad y dimensión simultáneamente o podemos estar viviendo en una densidad y tener un nivel de conciencia diferente, lo que significa que podemos estar viviendo en la tercera densidad mientras operamos conscientemente en la quinta dimensión. Podemos vivir *en* una determinada densidad, pero no tenemos por qué ser *de* esa densidad.

Las almas que operan en un nivel de conciencia muy elevado (quinto y superior) no pueden vivir cómodamente en las densidades inferiores. Cuando la diferencia entre ambas -densidad y dimensión- se hace demasiado grande, un alma no puede sobrevivir en ella.

Avanzamos de un nivel dimensional a otro a través del corazón. Si estamos operando en la cuarta dimensión y deseamos ascender, debemos aprender a manejar nuestro ego, aprender que la fuerza más poderosa de la creación es el amor, aprender la conciencia de unidad y, por supuesto, recordar quiénes somos y de dónde venimos.

Cronología

¿Qué es una cronología?
¿Qué importancia tiene para el crecimiento espiritual?

¿Cómo podemos los aspirantes a Semillas Estelares utilizar las líneas temporales para avanzar en el camino espiritual?

Hay varias formas de describir las líneas de tiempo. He aquí algunas:

- Una línea de tiempo es un camino que eliges seguir en tu vida. Sin embargo, a lo largo de tu vida, tienes la libertad de cambiar de línea temporal cuando quieras.
- Una línea temporal es el lugar donde situamos nuestra conciencia.
- Es la posibilidad de que ocurra algo.

Hay diferentes líneas temporales que tienen diferentes resultados. Por ejemplo: puede haber un número de almas que se pongan de acuerdo en una determinada línea temporal, pero la línea temporal depende de la conciencia que se necesite poseer para operar en esa línea temporal.

La Tierra se encuentra ahora en la línea temporal de la Nueva Era. Ha llevado cientos de años y una enorme cantidad de esfuerzo llegar hasta aquí. Los Trabajadores de la Luz que han encarnado en este planeta ahora han empujado a la tierra hacia la línea de tiempo de la Nueva Era de la Hermandad y la Unidad debido a su coincidencia consciente con esa línea de tiempo.

La concentración de muchas almas para lograr un objetivo determinado -que en nuestro caso es la desintegración completa del escalón superior de una sociedad corrupta- es una energía muy poderosa.

Nuestra sociedad se construyó sobre unos cimientos débiles de poder y codicia por parte de los que tienen el control, y por lo tanto no puede sostenerse a sí misma. Debe caer. Los viejos paradigmas deben derrumbarse y ser reemplazados por los de las vibraciones superiores, como el amor, la compasión, la aceptación y la verdad.

Algunas personas preguntan si es posible cambiar una línea de tiempo. La respuesta es sí. Si consideras una línea temporal como un camino, es similar a caminar por un sendero. El sendero por el que caminas actualmente representa tu línea temporal actual. En cualquier momento, puede aparecer una bifurcación en el camino. Cuando llegas a ese punto, puedes elegir entre continuar por el camino actual o cambiar de dirección.

Tienes el libre albedrío para elegir cualquier bifurcación en el camino que desees. Si tu deseo es alcanzar el crecimiento espiritual, entonces lo haces aumentando conscientemente tu vibración y siguiendo un camino más nuevo y elevado.

"Saltar líneas temporales" simplemente significa que te mueves de una dirección, camino o línea temporal a otra. Sin embargo, debes tener la conciencia de esa línea temporal para poder operar en ella.

Existe una conexión entre la conciencia y las líneas temporales. Tu nivel de conciencia depende de la línea temporal que elijas seguir. Para avanzar en conciencia, uno siempre debe elegir una línea de tiempo vibratoria superior.

Nuestro yo Multidimensional

Ser una persona espiritual tiene numerosas ventajas, y una de ellas es el proceso de despertar. El despertar espiritual es cuando nos despojamos del Velo del Olvido y nos damos cuenta de quiénes somos y de dónde venimos. Somos seres galácticos que habitamos cuerpos humanos. Ese conocimiento abre entonces la puerta a más conocimientos a medida que continúa la búsqueda de la iluminación plena.

A medida que avanzaba en mi propio camino, a menudo leía o escuchaba el término "yo multidimensional" y pensaba que era un grupo de palabras muy interesante, pero no estaba muy seguro de su verdadero significado. Con el tiempo, obtuve claridad y me gustaría compartir ese conocimiento contigo.

- Múltiple significa muchos o múltiples
- Nivel de conciencia dimensional

Nuestro yo multidimensional son los múltiples niveles de conciencia que nuestra consciencia experimenta a lo largo de la vida. También puede describirse como ego, aspectos del yo o yo multidimensional; todos son lo mismo.

Somos más de lo que podemos imaginar, más de lo que pensamos o creemos que somos. Hay numerosas partes (aspectos o ego) que conforman quiénes y qué somos realmente.

Estas partes son el resultado de nuestras creencias, y nuestras creencias son el resultado de nuestros cinco sentidos. Nuestras creencias son el producto de lo que adquirimos a través de los sistemas educativos, la religión, los medios de comunicación dominantes, nuestros padres y nuestra sociedad en general.

Nos han enseñado que los líderes de nuestras organizaciones, como gobiernos, proveedores médicos, escuelas, iglesias, entre otros, saben más que nosotros. Hemos renunciado a nuestro poder innato, el poder con el que nacimos, y el poder de lo que realmente somos, ha sido enterrado bajo la presión social y la desinformación.

Durante el proceso de despertar, nuestro nivel de conciencia aumenta, y comenzamos el viaje hacia el conocimiento de nuestra multidimensionalidad. Estamos acostumbrados a utilizar únicamente nuestros cinco sentidos principales (o más conocidos), que son la vista, el oído, el olfato, el gusto y el tacto, y estos cinco sentidos normalmente crean nuestra realidad, pero cuando pensamos "fuera de la caja", podemos ir mucho más allá. Podemos expandir nuestra conciencia y así abarcar y sostener más dimensiones del yo.

Es realmente asombroso cuando despertamos a la verdad de nuestro propio poder, a la verdad de los muchos aspectos del yo, a los muchos estados de conciencia de los que disfrutamos. Sólo es cuestión de estirarnos, de estirar nuestra imaginación para pensar más allá de lo habitual, más allá de los cinco sentidos que generalmente conforman nuestra realidad.

Estamos acostumbrados a identificarnos a diario sólo como una conciencia singular, aquella en la que empleamos los cinco sentidos habituales, pero somos mucho más que eso. Existe otro estado de conciencia que puede denominarse "conciencia múltiple": el estado de tener múltiples sentidos del yo dentro de una única conciencia.

A través del trabajo hacia un nivel más alto de evolución, tenemos la capacidad de ocupar múltiples niveles de conciencia dentro de una sola conciencia, lo que significa que hay otra conciencia donde se puede mantener más de un impulso del alma. Con esta conciencia, podemos bi-localizarnos, u ocupar dos o más lugares a la vez-no en lo físico, sino con nuestra conciencia.

A medida que nuestra conciencia se eleva, nos damos cuenta de los yos multidimensionales dentro de una conciencia; eso significa dimensiones dentro de dimensiones. Nos damos cuenta de que abarcamos, sostenemos y ocupamos múltiples dimensiones de múltiples yos.

Con un nivel de conciencia, puedes sentir alegría y placer experimentando una hermosa puesta de sol mientras que, al mismo tiempo, otro nivel del yo puede estar irritado con otra persona que quizás te faltó al respeto en algún aspecto, o puedes estar pensando en la lista de la compra o en cómo gestionar mejor a un niño que está enfadado por algo. Tienes la capacidad de hacer todo esto, de "ser" todo esto, de estar en varias dimensiones (niveles de conciencia) al mismo tiempo.

He aquí otro ejemplo: Proyectas tu conciencia a la planificación de una fiesta mientras conduces tu vehículo por una calle muy transitada. Puedes permanecer al lado de la calzada, detenerte en el semáforo en rojo y continuar cuando se ponga en verde, todo ello mientras piensas en tu próxima reunión social.

A veces "oirás" esa voz silenciosa dentro de tu cabeza que pronuncia una frase, un comentario que te resulta extraño y al mismo tiempo familiar. Se preguntará: *¿he sido yo o ha sido otra persona? ¿Hay alguien más dentro de mi cabeza? ¿Quién es esa otra persona?* Quizás pienses: *¿Quién me diría eso a mí?* o *¿Quién está dentro de mi cabeza?* Pues es muy probable que sea uno de nosotros mismos. El proceso de despertar puede causar confusión, y a menudo lo hace, pero para compensar, ¡también causa entusiasmo! Siempre hay un equilibrio.

Alguien me dijo una vez: "La confusión puede ser buena; significa que estás a punto de crecer".

Así que, ¡aguanta, disfruta del viaje y acepta lo que venga con alegría en tu corazón!

Cuando realmente pienses en tu verdadero "yo" y en las múltiples facetas de tu ser, te darás cuenta de lo maravillosos que son el cuerpo y el alma humanos.

Uniendo los Puntos

La espiritualidad es fascinante, desde mi punto de vista. Recientemente, tuve una conversación con un miembro de uno de mis grupos. Este Buscador tenía una pregunta relacionada con las líneas temporales, y durante mi explicación, me di cuenta de cómo estamos conectados, no sólo entre nosotros, ¡sino dentro de nuestros propios planes de vida especiales!

Existe una relación entre las líneas temporales, la multidimensionalidad, la densidad, las dimensiones, el karma y la kundalini. Todos ellos están conectados. A menudo pensamos que estos aspectos de nuestro viaje están separados, pero no lo están. Cada uno es una gran parte del camino de una Semilla Estelar y necesario para el desarrollo y la evolución.

Al entremezclarse, una afecta a la otra de numerosas maneras. La asociación entre líneas temporales y multidimensionalidad me parece muy estrecha. Podemos movernos hacia delante, hacia atrás y entre líneas temporales, y de hecho lo hacemos. Luego están las "líneas temporales que se fusionan". Fusionar líneas de tiempo es cuando las líneas de tiempo se juntan.

Eso ocurre cuando reunimos los distintos aspectos del yo, los aspectos de nuestra multidimensionalidad. Cada aspecto del yo puede estar operando en una dimensión diferente, como se explica en "Nuestro Yo Multidimensional". Cuando fusionamos o "reunimos" estos aspectos del yo, hace que las líneas de tiempo se fusionen. Todo se une.

Escuché a alguien mencionar "la reunión" hace unos años, y en ese momento, pensé que significaba reunión de almas afines o reunión de grupos de almas o familias. Puede indicar eso, y a menudo lo hace, pero también significa fusionar nuestros yoes multidimensionales, porque estamos reuniendo esas partes del yo. Es una parte crucial del proceso de ascensión.

La fusión de yos y líneas temporales puede ser diferente para cada encarnado. Cada viaje es diferente, y también lo es el proceso de ascensión. Todo depende de la elección del alma; está incluido en el plan previo a la vida.

La Danza de la Vida

«Escucha la música de las Esferas
porque te llevará a casa"

~Lord Adrigon

La danza de la vida, ¿qué significa? La vida puede mostrarnos muchos pasos diferentes mientras bailamos a lo largo de nuestro camino al ritmo de nuestro corazón, al ritmo de nuestra mente y, a veces, al ritmo del corazón y la mente de los demás. Esto no siempre es malo. Nos permite ser flexibles en nuestra vida cotidiana.

Los pasos de nuestra danza con la vida pueden ser complicados, difíciles de seguir y, en ocasiones, ¡incluso confusos! Es entonces cuando necesitamos aprender los pasos lentamente y proceder con cuidado para que, si tropezamos, seamos capaces de retomar el ritmo y movernos junto con la música. Es importante bailar al ritmo del universo, de las esferas y de los latidos de la Creación, ya que esto nos facilitará el camino.

Hay veces en las que daremos dos pasos hacia delante y uno hacia atrás, dependiendo de lo que requiera el baile. Es prudente escuchar el tempo de la música y seguir el ritmo, porque si estamos «fuera de tiempo" con el tempo, surgirán desafíos. Si seguimos el ritmo de lo que la vida nos ofrece, todo irá sobre ruedas.

El ritmo puede cambiar en cualquier momento, así que debemos estar preparados para cambiar también. La mejor manera de que la danza de la vida transcurra con fluidez es ser adaptable, capaz de moverse ante las distintas energías y situaciones, ya sean lentas y seductoras, rápidas y furiosas, ligeras como un hada o suaves como las aguas de un estanque en un día tranquilo.

A veces tenemos una pareja en esta danza de la vida, y a veces bailamos solos.

Si tenemos pareja, no es raro tropezar con sus pies si como pareja no estamos sincronizados. Aprender los pasos de nuestra pareja es tan importante como aprenderlos nosotros mismos, ya que es primordial para bailar sin problemas.

Cuando la música se detiene, es la euforia de la danza y la recompensa al final de la misma lo que nos hace seguir adelante y hace que todo valga la pena. Así que únete a mí en esta danza; baila conmigo a lo largo de esta vida. Baila con compromiso, determinación, tu propio poder, alegría, esperanza, paz y amor. Juntos haremos música hermosa, como uno solo.

El yo Superior y la Nave

Mi Yo Superior es mi capitán. El barco soy yo. Esta parte superior de mí mismo está siempre presente, es mi compañera constante y mi poder. Ella me guía a través de los mares en calma, las aguas agitadas, los vendavales y la inestabilidad que es la vida.

Cuando las aguas están agitadas y traicioneras y yo me precipito salvajemente, ella está siempre firme al timón, navegando por las tumultuosas olas, encarnación tras encarnación. Cuando pasan las tormentas, nos deslizamos suave y silenciosamente por la calma que sobreviene. De vez en cuando, nos encontramos con el Velo de Niebla, y es entonces cuando maniobramos con cautela.

Cuando los vientos del cambio agitan mis velas, mi Ser Superior es mi apoyo y sostén amoroso y constante. De vez en cuando, me desvío del rumbo, y cuando esto ocurre, ella está a mi lado con su asombrosa tolerancia, paciencia y amor para mostrarme suave pero firmemente el camino de vuelta.

Mi capitán es omnisciente y siempre vigilante mientras, juntos, atravesamos el pasaje a veces turbulento de la vida: su amor es de tal pureza y profundidad que resulta indescriptible. Un día, cuando miremos al horizonte, contemplaremos la Luz y sabremos que estamos en el lugar donde la tierra y el cielo se encuentran, lo físico y lo espiritual.

Ya casi estamos en casa.

Mi Yo Superior es mi guía a través de la eternidad, ¡y estoy infinitamente agradecida de tenerla a mi lado!

MI ÁNGEL DE LA GUARDA - MUNDO REAL O ILUSIÓN

28 de agosto de 2017

Saludos a todos, es nuestra alegría conectarnos con ustedes de esta manera. Hay cierta confusión con respecto a los ángeles, guías y ángeles guardianes. Todos ustedes tienen su propio ángel guardián que ha estado con ustedes desde que su alma fue arrojada por primera vez. Este ángel nunca, nunca te deja. Tienen otros ángeles y guías que van y vienen de acuerdo a lo que está sucediendo en su vida en un momento específico.

No hay ningún truco para conectar con nosotros. Siempre estamos disponibles y listos para ayudar de cualquier manera que se nos permita dentro de los límites de la Ley Universal. Sólo tienes que pedirlo, hacer el esfuerzo, y listo, ¡allí estamos! Un conocimiento sencillo pero poderoso. La clave para conectar con nosotros es escuchar a tu intuición.

Recibes mensajes constantemente: te enviamos información en forma de energía, que se traduce en tus propios pensamientos. A veces, crees que se te ha ocurrido una gran idea, pero puede que sean tus guías y ángeles los que te la están enviando. Haz caso a tu voz interior, sigue tu guía y confía en tu intuición.

Se plantean muchas preguntas sobre su viaje y su encarnación actual; simplificaremos y arrojaremos algo de luz sobre el tema de esta manera:

Piensen en la habitación que ocupan como su mundo natal y piensen en sí mismos como ansiosos Semillas Estelares que anhelan algo nuevo y emocionante. Habéis explorado todos los rincones y grietas de este mundo; habéis buscado en todos los armarios, habéis abierto todas las puertas, y ahora estáis preparados para más. Han decidido aventurarse fuera de su propio mundo, fuera de su zona de confort.

Reúnes a tus amigos y familiares y les comunicas tu decisión. Algunos de ellos deciden seguir tu ejemplo. Se hacen planes hasta el más mínimo detalle, se firman contratos, se forjan acuerdos entre otras almas, y se convierte en una gran empresa de esperanza, ilusión, amor y deseo de aprender nuevas lecciones y ayudar a seres de otros mundos. Se aprueba tu plan de vida.

Este plan tiene un truco, y es que debes olvidar tu vida en las estrellas y recorrer este viaje sin ser consciente de tu vida anterior. Pronto estarás listo y emprenderás tu aventura. Cuando abandonas tu mundo natal, se borra tu memoria de todo lo que eres, todo lo que sabes, incluida tu conexión con el Espíritu y tu conocimiento de él.

Debes ajustar tu nivel de conciencia al del planeta que elegiste, y al descender a esta nueva vida, realmente comienzas de nuevo.

Te conviertes en el actor que representará tu gran plan, y tu drama comienza a desarrollarse. Puede que hayas elegido una vida de lujo, sin hogar, adicción, enseñanza, sanación, voluntariado, o quizás simplemente «ser", difundiendo tu luz de esta manera. La Tierra es un planeta de dualidad, por lo que hay mucho que aprender y numerosas oportunidades para el avance del alma.

Las lecciones y los retos son abundantes, y de vez en cuando se tropieza por el camino. Esto puede ser bueno, ya que no hay errores, sólo lecciones que aprender y crecimiento del alma que alcanzar. Lo que puedes considerar un «error" puede ser una oportunidad para crecer. Tienes mucha ayuda de muchos Seres de Luz, amigos que se quedaron para apoyarte, y la guía amorosa de tu Ser Superior.

Un día notas inquietud y te sientes intranquilo. No estás a gusto con tu vida y sientes que algo va mal. Esto se debe a que estás sintiendo el despertar, y tu Ser Superior te está instando a escuchar tu interior, tu corazón. Te conviertes en un Buscador y te das cuenta de que hay algo más de lo que conoces y entiendes como vida en tu mundo.

Te pasas años buscando la verdad y, cuando la encuentras, sabes que has encontrado lo que buscabas. Te das cuenta de que tu vida aquí es un drama, que tú eres el actor y que nada de eso es real. Todo es una ilusión. Tu mundo real está en el lugar de donde vienes, en las estrellas.

Pasan los años y te cansas. Sabes que tu tiempo en este planeta pronto terminará. Sabes que cuando por fin vuelvas a casa, te encontrarás con muchos seres amorosos que te esperan con los brazos abiertos.

Eso, queridos, es lo que estáis experimentando desde nuestra perspectiva.

LORD ASHTAR

27 de julio de 2017

Saludos YO SOY Ashtar. Hoy les traemos un mensaje de esperanza y aliento que levantará sus espíritus.

Nos acercamos al final, algunos dicen que al Fin de los Tiempos. No es algo malo; es el final de lo viejo y un nuevo y ardiente comienzo para este planeta y todos los que lo ocupan. El adagio es cierto, hay luz al final del túnel, el final del túnel son tus muchas encarnaciones a través de varias vidas. Tú eres la Luz, tú y todas las demás almas que sienten los impulsos del Espíritu y despiertan a su verdadero ser. Tu luz contribuirá a la liberación de este planeta.

Nunca subestimes tu poder. Eres poderoso, y los oscuros han hecho todo lo posible para que lo olvides. Ya casi habéis superado vuestras dificultades y sacrificios. Os aplaudimos. Reconocemos vuestra fuerza y resistencia frente a todo lo que soportáis en este planeta mientras seguís adelante constantemente a pesar de estos desafíos.

Vosotros sois nuestros contactos en tierra, y sin vosotros no podríamos realizar el trabajo que hacemos. Cuando ustedes hacen su esfuerzo, nosotros lo magnificamos, y así podemos hacer nuestra parte. Por ello, les damos las gracias de todo corazón.

Sí, queridos, la Luz en este planeta está aumentando diariamente; vemos los cambios desde nuestra posición ventajosa a medida que más y más almas despiertan a su verdadero propósito: difundir la Luz. Vosotros sois los que estáis marcando la diferencia. Las fuerzas oscuras se están dispersando en desorden, tratando desesperadamente de aferrarse a su control, pero se les está escapando, y están confundidas, corriendo asustadas, algunas luchando internas. Reina el caos, pues saben que se acerca el fin de su poder sobre este planeta y sus ocupantes.

Ánimo, los últimos días están cerca. Manteneos fuertes y aferraos a la Luz, porque os esperan muchas cosas en los próximos meses.

Hay algo de miedo en este planeta acerca de los extraterrestres que es generado por las fuerzas oscuras-es deliberado, y su motivación es causar ese miedo y ganar más control sobre ustedes. *Sepan* esto: somos seres benevolentes con el plan del Creador como nuestro primer objetivo, y venimos a ustedes con la más alta vibración de amor.

Hemos estado en sus cielos durante miles de años, haciendo lo que nos gusta hacer: proteger, apoyar, guiar y ayudar. Somos muchos y procedemos de varios planetas de todas las galaxias. Tenemos entre nosotros algunos espectadores, los de diferentes universos que están interesados en este gran esfuerzo de ustedes. Tienen curiosidad por saber cómo se lleva a cabo esta ascensión masiva del planeta y de la humanidad y cuál será el resultado final.

Cuando miren hacia arriba en sus cielos, sepan que estamos allí -enmascarados, pero aún allí. Esperamos y ayudamos de cualquier manera que la Ley Universal permita, ¡y les enviamos amor constante!

YO SOY Ashtar

SEÑOR SANANDA (JESÚS)

9 de septiembre de 2017

Queridos amigos, es para nosotros una gran alegría traeros hoy este mensaje a través de este canal. Queremos recordarles que todos ustedes son canales: canalizan amor, canalizan información, canalizan luz. La mayoría de vosotros no sois conscientes de ello debido al Velo que aceptasteis tomar durante esta vida. Eso no significa que esas vibraciones no estén llegando a ustedes; sólo significa que han olvidado su lado dimensional superior.

Habéis olvidado lo verdaderamente poderosos y maravillosos que sois. Habéis olvidado que todos sois uno, que todos estáis conectados. Piensen en ello de esta manera: Véanse a sí mismos como una diminuta gota en una inmensa masa de agua, una minúscula parte de un océano. Sois una molécula, pero estáis completamente conectados con todas las demás moléculas de esa masa de agua. Juntos creáis el océano, una fuerza hermosa y poderosa.

Si miras a tu alrededor, puede que te sientas solo y separado de tus semejantes, pero no estás separado. Formas parte de un todo mayor. Cuando estáis unidos, proyectáis una luz poderosa que se impone a la oscuridad. Conoced vuestro poder y conexión; sabed que sois poderosos en vuestra unidad.

Antes de venir a este planeta, hicisteis acuerdos entre vosotros, acuerdos con nosotros, que nos quedamos atrás para guiaros en vuestro viaje. Acordasteis recordar el amor, llevar el amor a los que os rodeaban y compartir cuando notarais que alguien lo necesitaba.

Cuando la vida te presenta desafíos, a veces caes en las vibraciones más bajas, y es entonces cuando estamos ahí, amando, guiando, dándote compasión y apoyándote en todo lo que se nos permite.

Sigan adelante con fuerza y coraje, queridos. Sabed que sois amados sin medida.

Yo soy Sananda.

LA DIOSA MADRE

17 de marzo de 2021

Saludos a todos y cada uno de ustedes. Este mensaje es un mensaje de amor, un mensaje de esperanza, un mensaje de verdad. Un mensaje para ayudaros a comprender el significado de la vida tal y como la conocéis en este planeta en este momento. Se conoce en las dimensiones superiores como un tiempo de revelación, un tiempo de reajuste, un tiempo de limpieza, un tiempo de renovación, de rebrote y de renacimiento.

Os saludamos con gran alegría y celebración, porque vuestra libertad está cerca. Habéis sufrido mucho y, en ese sufrimiento, habéis crecido exponencialmente; habéis mostrado vuestros verdaderos colores; habéis demostrado al planeta, al resto de la humanidad, a la galaxia y, sí, al universo que sois fuertes. Habéis demostrado a todo el mundo que podéis hacerlo, ¡lo habéis hecho! Has provocado un cambio, un cambio muy necesario, y has trabajado por la vida que mereces y la vida que deseas. Está aquí para ti. Tu tiempo de esclavitud está a punto de terminar. Y queremos que sepáis lo orgullosos que estamos de todos vosotros, lo mucho que os aplaudimos y lo felices que nos sentimos por vosotros.

Sí, hay algunos golpes y baches por delante, pero son menores en comparación con lo que ya han soportado.

Superarán el resto de estos baches también, sin olvidar nunca que tienen mucha ayuda de tantos en las dimensiones superiores y de su propio corazón, porque es desde ahí desde donde trabajan, es ahí donde reside su verdad, y es ahí donde está su fuerza.

Esta no es una situación de *tú* y *nosotros*. Es una situación *de nosotros*, porque tú eres nosotros y nosotros somos tú. Somos uno. Sois nuestros representantes, sois los que estáis sobre el terreno, y habéis hecho el trabajo que se requería. Seguid adelante con esperanza y alegría en el corazón, porque nos espera una navegación tranquila, y nos alegramos de celebrarlo con vosotros. Hemos caminado a vuestro lado desde el principio, y nunca habéis estado, estáis ni estaréis solos. Estamos trabajando con ustedes, apoyándolos con amor, alegría y compasión, y continuaremos nuestro amoroso apoyo y asistencia de cualquier manera que sea posible dentro de las directrices de la Ley Universal.

En las próximas semanas y meses, se les informará de varios acontecimientos que han tenido lugar en su planeta y que pueden causarles consternación e incredulidad. Es importante que recuerden practicar el no juzgar cuando se sientan desafiados y que recuerden su libre albedrío, su derecho a elegir lo que es su verdad. Y recordar que cada alma del planeta está desempeñando un papel.

Este es un planeta de dualidad. Existe una fuerza negativa y otra positiva, y a través de esa dualidad, habéis tenido la oportunidad de aprender y crecer, de alcanzar un nivel superior de evolución. Sin la dualidad, no habríais aprendido a superar la adversidad, a sentir tanta compasión por los demás, a aceptar vuestras diferencias. Ese empujar, tirar, atraer y repeler es lo que hace que todo funcione. Es lo que os permite avanzar.

La importancia de lo que ocurre en este planeta es profunda, porque afectará a tu galaxia, al universo y más allá. Tú eres el micro en este plan, tú afectas al macro, y a medida que asciendes, también lo hace la galaxia, el universo y, sí, otras almas.

Con tus sacrificios, tu sufrimiento, tu crecimiento y evolución, estás dando a otros en el universo esa misma oportunidad. Y estás siendo observado y monitorizado. Muchos están aprendiendo de ti mientras procesas esas energías y esas situaciones, observando cómo las experimentas y luego las procesas.

Eres una parte muy, muy crítica de este gran plan. Así que es importante que continúes como estás, que continúes mostrando compasión, que continúes mostrando aceptación, que continúes mostrando amor y que continúes haciendo brillar tu luz.

CREADOR

Un hermoso y soleado día, mientras caminaba por el desierto de Sonora, recibí un mensaje del Creador. Me emocionó el contacto y me encantaron las palabras que me llegaron. Deseo compartir esas palabras porque creo que son profundas y la verdad del mensaje resonó mucho en mí.

> Vivir enamorados
> Amar para vivir
> Todo es uno
> Uno es todo
>
> ~ Creador

Glosario

SABIDURÍA ANCESTRAL: Término utilizado para describir el conocimiento que reside dentro de todos nosotros y al que podemos acceder a través de la conexión del corazón con el Espíritu.

ANUNNAKI: Especie que ocupó nuestro planeta hace miles de millones de años originaria de un planeta de la constelación de Sirio.

ASCENSIÓN: Ascensión es una palabra utilizada para describir el movimiento de una dimensión a otra y de un plano a otro; también se denomina Evolución Espiritual. Es el proceso de ascender en los niveles de conciencia. Ascender en lo físico significa alcanzar el nivel de quinta dimensión mientras se está en el cuerpo físico.

ASPIRANTE: Persona que desea conseguir algo o seguir un determinado camino.

ATLANTIS: Masa de tierra del océano Atlántico situada frente a las costas de África que se hundió bajo las olas hace unos 26.000 años.

CHAKRA: Un chakra es una espiral de energía dentro de nuestro cuerpo. Los siete más conocidos son la raíz, el sacro, el plexo solar, el corazón, la garganta, el tercer ojo y la coronilla. Estos centros energéticos captan la energía del mundo exterior, trabajan con ella y la utilizan para mantener en funcionamiento los órganos internos.

CONSTELACIÓN: Formación de estrellas.

CONCIENCIA: Estado del ser.

DENSIDAD: Frecuencia de vibración de la materia.

DIMENSIÓN: Un nivel de conciencia.

DESCARGA: Información proporcionada por nuestro Ser Superior que es enviada a nuestra mente subconsciente para que aflore a la superficie y sea utilizada en un momento dado.

LIBRE ALBEDRÍO: El regalo del Primer Creador a cada alma. La libertad de elegir nuestra realidad sin interferencias.

FRECUENCIA: Velocidad a la que vibran las moléculas.

GALAXIA: Conjunto de formaciones estelares dentro del universo.

DIOSA, DIOS: Las primeras almas que fueron fundidas, cocreadoras con la energía de la Fuente, también conocidas como los Elohim. Guardianes y protectores de los universos. Todos los Dioses y Diosas son arcángeles, pero no todos los arcángeles son Dioses y Diosas.

YO SUPERIOR: La parte mayor de un encarnado que permaneció en los reinos superiores y el director del camino del encarnado.

SANTO GRIAL: "Santo" se explica por sí mismo. "Grial" puede significar copa o recipiente. El Arcángel Ariel es conocido en la Tierra y en los reinos superiores como el Santo Grial, el vaso que es santo. Es la Diosa de nuestro universo y de la conciencia de nuestro planeta. Encontrar el Santo Grial significa alcanzar un nivel de conciencia de quinta dimensión que es uno con la Tierra, logrando así la ascensión.

ENCARNADO: También conocido como discípulo. Alma que adopta forma física y habita un planeta.

(RE)ENCARNACIÓN: Renacimiento de un alma en un cuerpo físico.

KARMA: Energía o situaciones, positivas o negativas, que quedan inconclusas durante una encarnación.

RUEDA KÁRMICA: La encarnación de un alma una y otra vez para completar la energía no resuelta.

LEMURIA: Un inmenso continente situado en el océano Pacífico, que se hundió hace unos 26.000 años.

CUERPO DE LUZ (Merkaba): El recipiente que utiliza el alma para viajar. Merkaba significa luz, cuerpo, espíritu. El Merkaba son dos triángulos que se cruzan -uno masculino y otro femenino- que giran en direcciones opuestas en perfecto equilibrio. La unión de estos dos triángulos crea un campo de energía alrededor del cuerpo físico. El campo de energía es un vehículo de protección y transporte para el alma en su viaje por el mundo astral.

TRABAJADOR DE LA LUZ: Cualquier alma que proviene de un corazón puro y comparte su luz con otro de una manera amable, compasiva, cariñosa y atenta. Es aquel que encarna con una tendencia a estar al servicio de los demás y persigue el conocimiento de lo gran desconocido. Uno no tiene que hacer nada para ser un Trabajador de la

Luz. Algunas almas simplemente "son", y de esa manera, su energía afecta a los que les rodean y eleva a los demás energética y espiritualmente.

LENGUAJE DE LUZ: El Lenguaje de Luz es un lenguaje multidimensional entendido por todos a nivel del alma. Son codificaciones de alta frecuencia comprendidas por el corazón. Funciona a un nivel que causa cambios que potencian, codifican y abren el corazón para "sentir más allá de la mente". Interactúa instantáneamente con el Cuerpo de Luz. Es una transmisión alquímica de información profundamente estratificada y la mayoría de las veces no puede traducirse palabra por palabra.

Otra explicación: El Lenguaje de la Luz es la transmisión de energía a través de sonidos sagrados de geometrías sagradas modeladas por la luz para despertar nuevas inteligencias.

MATRIZ: Una energía que rodea al planeta Tierra, originalmente colocada como un campo sanador y estabilizador que fue posteriormente corrompido por los pensamientos y emociones negativas de la humanidad a través de millones de años de abuso y tortura perpetuados por las fuerzas oscuras controladoras.

MATERIA: Energía vibratoria.

METAFÍSICO: Algo que está "más allá" de lo físico, más que lo físico, más que lo habitual.

LA MENTE: Los tres estados de la mente son:

- La superconciencia o el Yo Superior: Podemos alcanzar este nivel de la mente si así lo decidimos, y luego trabajar para crear y fortalecer la comunicación entre nuestro yo consciente y el Yo Superior.
- La mente consciente: Es nuestra realidad cotidiana. Es como un ordenador, se convierte y contiene cualquier dato que introduzcamos en él.
- La mente subconsciente: Esta mente es el almacén. Contiene todo el conocimiento y la información que se nos ha dado. Nuestro Ser Superior es el guardián de la mente subconsciente, y cuando estamos listos, una porción de información puede y va a subir a la superficie para ser redimida y utilizada por la mente consciente.

La mente superconsciente tiene acceso a la mente consciente *y* subconsciente.

La mente consciente *no* tiene pleno acceso a la mente subconsciente.

La mente consciente tiene acceso a la mente superconsciente.

La mente subconsciente *no* tiene acceso a la mente consciente *ni a* la superconsciente.

PARANORMAL: Fuera de lo normal. Fuera del alcance de la experiencia normal o de la explicación científica.

CREADOR PRINCIPAL: El Ser Supremo de todo lo que es: la Fuente de Energía. El Primer Creador es pura luz y amor compuesto de partes iguales de energía masculina y femenina en perfecto equilibrio. Es Una Gran Conciencia.

REPTILIANO: Civilización originaria de la constelación de Orión y una de las primeras especies que ocuparon nuestro planeta.

ALMA: A través del deseo del Primer Creador, fuimos enviados como almas individuales, como expresiones espirituales del Uno. El Primer Creador eligió dividirse en fragmentos de conciencia con el fin de experimentar más de sí mismo en todas las formas y realidades, y nosotros somos esos fragmentos. Todos somos expresiones espirituales de la Gran Conciencia Única.

ACUERDO DE ALMA o CONTRATO DE ALMA: Antes de asumir la forma física, un alma cocreará un plan de vida que incluye el karma que el alma desea limpiar, el aprendizaje que se requiere si uno quiere avanzar en la evolución, el servicio a los demás en alguna capacidad, o tal vez sólo por la experiencia. El plan puede consistir en muchas otras almas, todas de acuerdo con respecto al karma, las lecciones, el servicio a los demás o cualquier otra situación.

SEMILLA ESTELAR: Un alma que ha sido sembrada en un planeta desde otro sistema estelar y que tiene el deseo de experimentar la vida en todas sus formas y realidades. Son exploradores, aventureros y deseosos de avanzar en la evolución. Muchos llegan con el propósito expreso de ayudar a los demás y contribuir a la curación y liberación del planeta y sus habitantes.

UNIVERSO: Un universo es una porción de espacio. Existen numerosos universos en toda la Creación. Nuestro universo forma parte de un conjunto de siete.

Mis Credenciales

Soy un ser galáctico que tiene una experiencia humana. Soy una Semilla Estelar, una Trabajadora de la Luz, una maestra, una sanadora, una escritora y una consejera espiritual. Soy esposa, madre, abuela, hermana y tía.

Hace algunos años, buscaba un local donde celebrar reuniones y, cuando encontré uno que me pareció adecuado, pregunté si podía alquilarles un espacio. El propietario/gerente del local me preguntó para qué lo quería. Mi respuesta fue: "Para dar clases". La siguiente pregunta que me hicieron fue: "¿Tiene usted un título universitario?".

No tengo un título universitario con letras detrás.

Sin embargo, tengo un título universal con símbolos tras él. Los símbolos son corazones. Mi área de especialización se llama "El Conocimiento de los Antiguos". He adquirido una comprensión a la que toda alma tiene acceso; es un vasto almacén de conocimientos al que se accede a través del corazón.

Mi colegiatura fue ganada a través de determinación, dedicación e incontables horas de hacer el trabajo interno necesario. Mi autoridad proviene de una vibración superior.

Agradecimientos

Mi primera y principal gratitud por toda la guía, apoyo y amor que he recibido al escribir este libro es para mi Ser Superior y mi amada familia Estelar. Sus palabras al principio fueron:

"No puedes escribir un libro equivocado. Sólo sal del corazón".

He hecho todo lo posible por seguir a mi corazón mientras escribía, pues es ahí donde reside mi verdad.

Es difícil encontrar las palabras adecuadas para expresar el aprecio, el agradecimiento y el amor que siento por mi marido, Merv, mi amigo y compañero inquebrantable que ha caminado a mi lado durante sesenta años terrestres. Ha dado un paso atrás y me ha proporcionado amor incondicional para que yo pueda hacer el trabajo que estoy destinada a hacer. A su manera, ha sacrificado su jubilación para darme libertad y espacio sin cuestionamientos para que pueda llevar a buen término mi trabajo. Es mi roca, mi protector, mi amor y mi apoyo.

Nuestros tres hijos, sus parejas y mi extensa familia han permanecido firmes en su amor, aceptación y lealtad, aunque no siempre comprendan mi viaje. Mi corazón está lleno de gratitud hacia todos ellos.

Mi más sincero agradecimiento a todas las almas que se han sentado conmigo en mis grupos durante los últimos diez años, pues sin ellas no tendría a nadie a quien enseñar. Ellos también me han enseñado y han enriquecido mi vida espiritual de innumerables maneras. A cada uno de ellos les doy las gracias.

Luego están los que han sido mis líderes, maestros y abridores de caminos, los que me han llevado a través del mundo mágico y místico del Reiki, el tai chi, los cristales, el chamanismo, la astrología, la numerología, las cartas del destino, las cartas del tarot, los ovnis y la terapia de masajes, así como los que me han mostrado la puerta abierta al mundo de la curación natural y la medicina natural. Son muchos, y a todos ellos les envío mi gratitud.

Me siento muy bendecido por tener la oportunidad de estar aquí en este planeta en este momento de Su historia y poder hacer el trabajo que vine a hacer.

~ Bethel

www.ingramcontent.com/pod-product-compliance
Lightning Source LLC
Chambersburg PA
CBHW072152070526
44585CB00015B/1100